독자와 작가가 함께 쓰는

감·성·수·필

내 인생에 사과한다

독자와 작가가 함께 쓰는
감·성·수·필

내 인생에 사과한다

유서희 감성 수필집

수필과비평사

★ 작가의 말

참으라고 했다.
맨발로 가시밭길 걸어가는 너에게
아파도 참으라고 했다.

손가락 하나 움직일 힘 없이
차가운 시멘트 바닥에 엎어져
쏟아지는 비 맞으며 울부짖는
너를 외면했다.

그러면 안 되는 것이었다.

너도 소중한 사람인 것을
울어도 되는 것을

아프다고 말해도 되는 것을,

참으라고만 했다.

미안하다.

내 인생에 사과한다.

* 응원해 주고 도와준 나의 사람들과 이 책이 세상에 태어날 수 있도록 도와주신 수필가 김지희 선생, 제목을 지어주신 심심산방 손선희 사진가, 표지의 글그림과 '감사' 작품을 선사해 주신 글그림화가 거람 김반석 선생께 진심을 담아 감사의 마음을 전합니다. 수필집을 출간할 수 있도록 지원해 준 울산광역시와 울산문화재단에도 깊은 감사를 드립니다.

★ 목차

2부 … 길을 묻다

3부 … 마음을 데우다

4부 … 다시 걷다

1부 … 글꽃

번짐

아침, 오늘

그늘의 발라드

마지막 잎새

거울

지란지교 芝蘭之交

글꽃 소리

수묵水墨 정원 9

– 번짐

장석남

번짐,

목련꽃은 번져 사라지고

여름이 되고

너는 내게로

번져 어느덧 내가 되고

나는 다시 네게로 번진다

번짐,

번져야 살지

꽃은 번져 열매가 되고

여름은 번져 가을이 된다

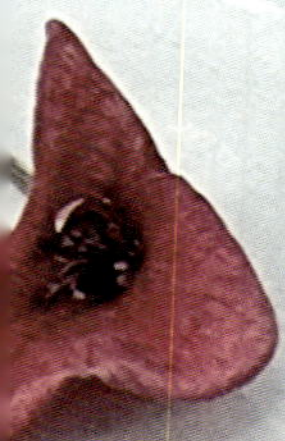

번짐,

음악은 번져 그림이 되고

삶은 번져 죽음이 된다

죽음은 그러므로 번져서

이 삶을 다 환히 밝힌다

또 한번– 저녁은 번져 밤이 된다

번짐,

번져야 사랑이지

산기슭의 오두막 한 채 번져서

봄 나비 한 마리 날아온다

번짐

화선지를 펼친다. 붓이 길을 만들고 먹물이 강을 만든다. 먹이 종이에 스며든다. 먹의 향과 먹물의 번짐에 매료되어 서예를 배운 적이 있다. 벼루에 물을 붓고 천천히 원을 그리면 묵향이 잔잔하게 번진다.

번짐,

목련꽃은 번져 사라지고

여름이 되고

너는 내게로

번져 어느덧 내가 되고

나는 다시 네게로 번진다.

장석남, 〈수묵 정원 9-번짐〉 일부

존재의 차이와 경계를 넘어서 조화와 순환을 이루는 세계를 다양한 이미지의 자유로운 연결을 형상화하고 있다. 경계가 구별되지 않고 이어져 아름다운 조화를 '번짐'으로 표현하고 있다.

번짐은 차차 넓게 젖어 퍼지는 것을 말한다. 액체 등이 묻어서 퍼지기도 하고, 병이나 전쟁 등이 차차 옮아가는 것을 말하기도 한다. 좋은 소문이 번지기도 하고 나쁜 말들이 번져 말다툼이 되기도 한다. 번짐은 축소가 아니라 확대되는 것이다.

웃음도 번진다. "웃으면 복이 온다."라는 말은 웃으면

기쁜 일이 생기고 좋은 사람들이 모인다는 뜻일 게다. 외국의 어느 기숙학교 여학생들이 '웃음을 참을 수 없는' 전염병에 걸린 일이 있었다. 몇 분에서 길게는 몇 시간 동안 웃음은 그칠 줄 모르고 주변에 있는 사람들을 웃음바다로 몰아넣었다고 한다. 우울해 하는 사람 옆에 머물면 같이 우울해지고 웃는 사람과 함께 있으면 웃을 일이 생긴다. 큰 소리로 웃는 사람을 보면 나도 모르게 같이 웃게 된다.

챌린지 행사에 참여한 적이 있다. 코로나 재확산으로 울산도 심각한 상황이었다. 역병을 극복하기 위해 챌린지 활동이 이어지고 있었다. 영상, 응원 메시지, 댓글, 봉사활동, 기부 챌린지 등 다양했다. 참여한 챌린지는 지명을 받은 사람이 또 다른 세 명을 지명하여 내용을 전달하는 방식이었다. '코로나19 예방 챌린지'라는 제목으로 예방의 중요성과 함께하면 지금의 위기를 극복할 수 있다는 메시지였다. 챌린지의 효과가 있었는지 후로 확산이 잦아들었다.

장 지오노의 《나무를 심은 사람》은 황무지가 된 땅에

끈질긴 노력으로 나무를 심어 풍성한 숲을 이루어낸 이야기다. '엘제아르 부피에'는 아내와 아들을 잃은 절망감을 회복하기 위해 일생을 나무 심는 일에 열중했다. 그가 쏟아부은 정성으로 죽어가던 땅이 나무가 울창한 숲으로 변모해 갔다. 새들이 찾아오고 마을을 떠났던 사람들도 돌아왔다.

한 사람의 선한 영향력은 주변을 변화시키고 많은 사람에게 올바른 삶의 자세를 가지도록 영향을 끼친다. 긍정적인 사고로 사회에 동참하게 하고 훈훈하게 만든다. 힘겹게 노력하여 이루어 낸 결과는 타인에게 좋은 방향으로 나아가게 하는 조력자의 역할을 한다.

번짐은 경계를 허물고 하나가 되는 아름다움을 그려나간다. 꽃이 번져 열매가 되고 열매가 퍼져 계절이 되듯 너는 내게로 번져 꽃이 된다.

마음 마주보기

번짐은 경계를 허물고 하나가 되는 아름다움을 그려나간다. 꽃이 번져 열매가 되고 열매가 퍼져 계절이 되듯 너는 내게로 번져 꽃이 된다.

〈번짐〉 시를 필사해 보세요. 그대 마음속에도 꽃이 필 거예요.

오늘 아침에

이봉직

오늘 아침 골목에서
제일 처음 눈 맞춘 게 꽃이었으니
내 마음은 지금 꽃이 되어 있겠다.

오늘 아침 처음 들은 게
새가 불러 주는 노랫소리였으니
내 마음은 지금 새가 되어 있겠다.

그리고 숲길을 걸어 나오며
나뭇가지 흔들리는 걸 보았으니

내 마음은 한 그루 나무가 되어 있겠다.

가지마다 예쁜 꽃이 피고
새가 날아와 앉아 노래 부르는
그런 나무가 되어 있겠다.

아침, 오늘

창문을 연다. 어느 집에선 된장을 끓이는지 구수한 냄새가 올라온다. 소리에 집중한다. 아이들의 재잘거림, 창공을 깨우는 새들의 지저귐. 눈을 감고 소리를 더듬는다. 아침이 새롭다.

나의 아침은 소리로 연다. 알람시계 속의 뻐꾸기는 잠도 없나 보다. 뻐꾹뻐꾹 소리를 내며 쉬지 않고 운다. 자리에서 일어나 음악을 튼다. 쇼팽의 녹턴을 들으며 아직 남아 있는 잠을 깨운다. 전기 주전자에 물을 담고 전원을 켠다. 뽀글뽀글 물 끓는 소리는 잔잔한 아침에 생기를 불어넣는다. 새소리와 음악이 있고 커피 향기로 여유로운 아침을 연다.

> 오늘 아침 골목에서
> 제일 처음 눈 맞춘 게 꽃이었으니
> 내 마음은 지금 꽃이 되어 있겠다.
>
> 오늘 아침 처음 들은 게
> 새가 불러 주는 노랫소리였으니
> 내 마음은 지금 새가 되어 있겠다

이봉직, 〈오늘 아침에〉 일부

꽃과 첫 눈맞춤을 하고 새가 불러 주는 노래로 맞이하는 시인의 아침은 한 편의 시다. 나는 비 온 다음 날이면 산책을 한다. 빗물에 씻겨 깨끗해진 나무와 풀잎을 보면

찌뿌둥하던 몸이 개운해진다. 곳곳에 맺혀 있는 물방울을 보는 재미는 비 온 뒤 산책 하는 즐거움이다. 나뭇가지에 매달린 채 하늘빛을 담고 있는 물방울을 들여다보면서 영롱한 생동감을 느낀다. 꽃을 보며 새소리와 함께 여는 아침은 기분 좋은 하루를 시작하게 한다.

유년의 아침은 비질 소리로 시작되었다. 아버지는 세숫대야에 물을 담아 세수를 하고 남은 물을 마당에 뿌렸다. 흙 마당에 뿌려 먼지를 가라앉히고 대나무 빗자루로 마당을 쓸었다. 안쪽에서부터 대문을 향해 촘촘하게 비질을 해 나갔다. 빗자루가 지나간 자리마다 연필로 촘촘하게 빗금을 그어 놓은 듯 정갈한 무늬가 그려졌다. 빗금 무늬의 흙 사이사이마다 햇살이 내려앉아 금빛 길이 되었다. 아버지의 비질 속에는 묵은 하루를 쓸어내고 가족들의 새로운 하루가 금빛처럼 반짝이는 길이 되기를 기도하는 마음이 담겨 있지 않았을까.

성공한 많은 사람은 아침에 일찍 일어나서 명상과 운동을 하며 활동적으로 하루를 시작한다. 가족들과 같이 식사하며 그날의 계획을 세운다고 한다. 그에 비해 나는 조용하고 여유롭게 아침을 시작한다. 찬찬히 하루의 일정을 확인하고 계획을 세운다. 차분하고 잔잔하게 시작하는 아침은 일상이 되었다. 어쩌다 다음날 아침에 일정이 짜여 있으면 미리부터 신경이 쓰인다. 이른 시간에 먼 곳으로 가야 하거나 외출을 해야 하는 날은 밤잠을 설친다. 바쁘고 활기찬 하루를 시작하는 것도 좋지만 조용하고 여유롭게 신문을 읽으며 짜임새 있는 나만의 하루를 여는 것이 좋다.

잠들기 전, 내일의 일정을 체크하다가 문득, 내일 아침을 못 보게 될지도 모른다고 생각할 때가 있다. 지인이 심장마비로 갑작스럽게 세상을 떠났다는 소식을 들은 후 자주 그런 상상하게 된다. 눈을 감는 순간 모든 것과 마지막일 수도 있다는 생각은 아침을 맞이하는 소중함과 매일 새롭게 태어나는 감사를 깨닫는다.

아침은 새로운 오늘이 태어나는 시간이다.

마음 마주보기

새로운 오늘이 태어나는 시간, 꽃잎의 첫 눈맞춤과 새소리로 여는 아침을 맞이할 수 있음에 감사합니다.

그대의 아침은 어떤 모습인지 궁금해집니다.

그늘

하청호

나는 커다란 그늘이 되고 싶다.

여름날 더위에 지친

사람들과 동물들, 그리고

여린 풀과, 어린 개미, 풀무치, 여치……

그들에게 시원한 그늘이 되고 싶다.

그러나 나는 아직 작아

조그만 그늘만 드리우고 있다.

언젠가 나는 크고 튼튼하게 자라

이 세상 모든 사랑스러운 것들을

내 그늘 속에 품어 주고 싶다.

햇빛이 강하고 뜨거울수록

더욱 두터운 그늘이 되어

그들을 품어 주고 싶다.

그늘의 발라드

봄의 유혹에 산들바람이 늠실거린다. 숲의 길, 그늘의 발라드가 연주된다. 바람에 나뭇잎이 일렁일렁 숲을 일으키면 구름과 산 그림자 길 위에 나긋하게 눕는다. 따사로운 오월 햇살이 얕은 냇물에 언뜻번뜻 쉬어간다. 숲길은 외롭지 않다.

5월의 마지막 수요일, '차리 숲길 걷기 행사'에 참여했다. 봄날 숲길을 걸으며 시민들의 지친 몸과 마음을 위로하고자 울산 대곡박물관에서 주최한 행사였다. 차리 숲은 1974년부터 우리나라와 독일이 산림 경영사업을 추진하며 조성한 숲과 임도林道다. '소호령 임도'라 불리며, 한국과 독일의 산림 기술 협력의 성과로 조성된 숲이다.

신록이 짙어지면 그늘은 수묵화를 그린다. 숲속 화선지에 오솔길 펼쳐놓고 나뭇잎, 노거수, 흘러가는 구름 붙잡아 그려 놓고 방랑객의 발등에도 점 한 점 올려놓는다. 묵향 대신 풀 향기 가득 흩뿌려놓고 그늘은 바람의 손길에 화폭을 맡긴다. 그늘의 묵화는 그대로 액자가 된다.

나는 커다란 그늘이 되고 싶다.
여름날 더위에 지친
사람들과 동물들, 그리고
여린 풀과, 어린 개미, 풀무치, 여치……
그들에게 시원한 그늘이 되고 싶다.

하청호, 〈그늘〉 일부

부모는 나에게 품 넓은 그늘이었다. 여름 한낮의 더위를 식혀주는 그늘일 뿐만 아니라 한겨울 구들장 같은 따뜻한 그늘이었다. 부모라는 둥지를 떠나고서야 당신의 그늘이 얼마나 깊었는지 알게 되었다. 그늘이 있어 햇살이 더 눈부시는 것처럼 부모님의 끝없는 희생 덕분에 지금의 나는 사회의 일원으로 자리매김되었다. 부모의 자식에 대한 무조건적 희생은 그늘의 변주곡일 것이다.

코로나의 어두운 그늘이 짙어 가고 있다. 끝을 알 수도 없는 상황에서 사람 간의 거리는 점점 멀어지고 있다. 어깨를 맞대고 발맞추어 걷던 사람의 숲은 한적해지고 암울한 기운마저 감돈다. 우울하고 칙칙한 마음 한 자락 쉬어 갈 그늘이 간절하다. 품이 넉넉한 사람의 그늘은 주변 사람들에게 밝은 기운을 준다. 코로나에 맞서는 의료진들의 몸을 아끼지 않는 희생은 숭고한 그늘이라 할 수 있다.

그늘은 서로에 대한 배려이다. 숲길에 서 있다. 숲의 생명은 얽히고설켜 성장과 소멸을 반복하며 자연의 순환으로 공생하고 있다. 큰 나무들은 작은 나무들을 배려해 가지를 넓게 펼치지 않는다. 자신의 그늘로 인해 작은 나무들이 햇볕을 받지 못해 공생할 수 없기 때문이다. 그뿐만 아니라 음지식물에는 그늘을 만들어 습기를 잃지 않게 하여 생의 터전을 만들어 준다. 그늘에서 공존의 경전을 듣는다.

점점 짙어지는 산그늘에 내딛는 발걸음이 가볍다. 신록의 숲이 싱그럽다. 숲의 그늘이 내게 준 것처럼 누군가에게 나도 품 넓은 그늘이 되고 싶다. 꿈을 향해 힘겹게 걸어가는 청소년, 주저앉아 가쁜 숨을 몰아쉬는 사람, 외로움에 등이 굽어버린 독거노인… 무거운 삶의 무게를 잠시 내려놓고 쉬어갈 수 있는 그늘이 되려면 잎이 풍성한 가지부터 만들어야 하지 않을까.

한 줄기 초록 바람이 분다. 솜털을 간질이는 바람이 싫지 않다. 오솔길 가로 구름 그림자 슬쩍 머물다 쉬어간다. 나도 슬그머니 꼽사리 붙어본다. 차리 숲에서 그늘의 발라드를 듣는다.

마음 마주보기

신록이 짙어지면 그늘은 수묵화를 그린다. 숲속 화선지에 오솔길 펼쳐놓고 나뭇잎, 노거수, 흘러가는 구름 붙잡아 그려 놓고 방랑객의 발등에도 점 한 점 올려놓는다. 묵향 대신 풀 향기 가득 흩뿌려놓고 그늘은 바람의 손길에 화폭을 맡긴다. 그늘의 묵화는 그대로 액자가 된다.

그대의 그늘은 참 좋을 것 같아요. 어떤 그늘이 되고 싶은가요?

마지막 잎새

오 헨리

날이 갈수록 폐렴이 점차 악화되면서 존시는 창문 밖에서 보이는 담쟁이 잎을 자신과 동일시하면서 담쟁이 잎이 다 떨어지면 자기도 죽을 거라는 생각을 하며 우울해한다. 이를 보다 못한 수는 이웃집 베어먼 영감에게 존시에 대한 이야기를 한다. 그러자 베어먼 영감은 이내 눈물을 쏟으며 "세상천지에 그런 바보 같은 소리가 어디 있냐."며 노발대발하고, 존시가 병 때문에 마음이 약해진 거라며 수에게 그녀를 잘 보살피라고 독려한다. 하지만 수는 걱정이었다. 워낙 존시의 병이 깊어진 데다 이로 인해 존시의 성격이 더 심약해진 걸 아는 것이다.

그날 밤 폭풍우가 매섭게 몰아친다. 존시는 옆집 담쟁이덩굴을 보는데 나뭇잎들이 다 떨어졌지만 마지막 잎새 하나는 끝까지 떨어지지 않았다. 존시는 그 나뭇잎에 감화되어 삶에 대한 의지를 얻게 된다.

– 오헨리, 〈마지막 잎새〉에서

오 헨리(O. Henry, 1862-1910)- 미국의 단편 작가. 본명은 윌리엄 시드니 포터. 공금 횡령죄로 옥중 생활을 하며 작가로 변신. 옥중에서 10여 편의 단편을 쓰고, 출감해 유머 작가로서 굉장한 인기가 있었다. 《양배추와 임금님》《400만》 등 단편집 13권을 간행했다.

마지막 잎새

도로 가장자리에 바스락해진 낙엽이 수북하다. 여름내 푸른 제복의 병정처럼 늠름한 모습이었던 가로수는 겨울을 준비하느라 나뭇잎을 떨구고 낙엽은 바람을 따라 달리다 멈추다 을씨년스럽다. 초겨울의 찬바람에 저절로 옷깃이 여며진다.

폐렴에 걸린 존시는 창밖의 담쟁이덩굴의 잎이 다 떨어지면 자신도 죽을 거라 생각을 하며 침대에 힘없이 누워있다. 그런 친구가 너무나 안타까워 수는 아래층 베어만 영감에게 하소연을 했고, 걸작을 그리는 데 실패한 화가 베어만 영감은 존시를 위해 벽에 마지막 잎새를 그린다.

—오 헨리의 단편소설 〈마지막 잎새〉에서

무명의 여류화가 존시가 폐렴으로 사경을 헤맨다. 삶의 희망을 잃고 담쟁이넝쿨 잎이 다 떨어지면 생명이 끝난다고 생각한다. 늙은 화가 베어만이 나뭇잎 하나를 그려 비바람에 견디어 낸 진짜 나뭇잎처럼 그려내어 존시에게 삶의 희망을 주는 내용이다.

별이는 6년째 동거하는 반려묘다. 얼마 전부터 별이의 울음이 심상치 않았다. 뼈만 남은 몸으로 잘 먹지도 못하고 우는 횟수가 잦아졌다. 바쁜 일상에 쫓겨 병원 가는 일을 차일피일 미루고 있던 터였다. 가까운 동물 병원을 찾았다. 수의사는 큰 병원으로 가 보라고 했다. 곧장 병원장이 소개해주는 곳으로 갔다. 초주검이 된 별이는 마취를 하고 여러 검사를 했다. 동물들에게 흔히 나타나는 신부전 증상이지만 말기인 데다 별이의 한쪽 콩팥은 암으로 추정된다는 것이었다. 수술비용이 천만 원이 넘는 데다 살릴 수 있을지 장담할 수가 없다고 했다. 그렇게 먹지도 못하고 아파했는데 진작 병원에 데리고 오지 못했던 나 자신이 원망스러웠다. 미안해서 가슴이 아팠다. 어쩔 수 없이 수술을 포기하고 집으로 데리고 왔다. 가족들은 말을 잃었다. 별이를 처음 만났을 때부터 함께해 왔던 시간이 파노라마처럼 지나갔다. 밤이 깊어지자 비바람은 더욱 세차게 불었다.

버스터미널에서 손 흔들며 엄마와 나를 배웅해주던 모습이 오빠의 마지막이 될 줄은 꿈에도 몰랐다. 그날 오빠는 돌아가는 길에 건널목을 건너가다가 교통사고를 당했다. 가무잡잡한 피부에 하얀 이를 드러내며 웃던 모습이 아직도 생생하다. 오빠와 나는 닮은 점이 많아 형제 중에서도 더 친했다. 나이 차이가 많이 났지만 나를 많이 이뻐했다. 군 복무 중일 때 휴가를 나왔다가 귀대하기 바로 전 날 군복을 다려달라고 했다. 다림질이 서툴렀던 나는 군복 바지에 두 개의 주름을 만들었다. 오빠는 평소와 다르게 다짜고짜 화를 냈고 속상한 마음에 울며 대들었다. 처음으로 심하게 다투었다. 그 후 아무 일 없는 듯이 서로 잘 지냈지만 내내 마음에 얹혀 있던 그날의 일을 두고 화해를 하고 싶었지만 묻어 두고 지냈다. 언젠가는 사과를 해야지 하면서도 때를 놓쳤다. 갑작스러운 이별을 하고서야 그때 일을 사과하지 못한 것이 후회가 되었다. 아직 마음 한구석에 미안지심이 옹이로 박여있다.

별이도 오빠를 보냈듯 갑자기 보내게 될까 봐 겁이 난다. 다른 병원에 한 번 더 가 봐야겠다는 생각이 들었다. 그런데 수의사는 칠흑 같은 어둠 속에서 한 줄기 빛 같은 희망의 말을 했다. '암으로 보이지 않으며 수액을 맞히고 체중을 조금 불린 후 수술을 하면 살아날 가능성이 있다.'는 것이었다. 인공 요관을 장착하여도 한쪽 신장은 아예 제 기능을 할 수 없고 다른 한쪽은 겨우 생명을 유지할 정도의 기능만 할 수 있다고 했다. 앞뒤 생각할 겨를 없이 입원시켰고 수술을 했다. 언제 마지막 순간일지 몰라 긴장을 놓치지 않았다. 다행히 별이는 안정을 찾았고 지금까지 건강하게 잘 지내고 있다. 더이상 가망이 없다는 수의사의 말을 듣고 포기했더라면 지금도 후회하고 있지 않을까.

존시가 삶의 희망을 가진 것은 한 무명 화가가 그려 놓은 한 잎의 나뭇잎 때문이었다. 겨울날 세찬 비바람에도 떨어지지 않고 새 아침을 맞이한 마지막 잎새는 존시를 살리는 기적을 일으켰다. 베어먼 화가가 존시에게 했던 것처럼 좌절을 겪고 있는 이에게 작은 희망이 되는 순간을 그려본다.

마음 마주보기

베어먼 화가가 존시에게 했던 것처럼 좌절을 겪고 있는 이에게 작은 희망이 되는 순간을 그려본다.

그대는 어떤 희망이 되고 싶나요?

거울

이상

거울속에는소리가없소
저렇게까지조용한세상은참없을것이요

거울속에도내게귀가있소
내말을못알아듣는딱한귀가두개나있소

거울속의나는왼손잡이요
내악수(握手)를받을줄모르는 — 악수를모르는왼손잡이요

거울때문에나는거울속의나를만져보지를못하는구료마는
거울이아니었던들내가어찌거울속의나를만나보기만이라도했겠소

나는지금거울을안가졌소마는거울속에는늘거울속의내가있소

잘은모르지만외로된사업(事業)에골몰할께요

거울속의나는참나와는반대(反對)요마는

또꽤닮았소

나는거울속의나를근심하고진찰(診察)할수없으니퍽섭섭하오

거울

이상 시인의 시 〈거울〉로 시 낭송 공연을 한 적이 있다.

거울속에는소리가없소
저렇게까지조용한세상은참없을것이오

거울속에도내게귀가있소
내말을못알아듣는딱한귀가두개나있소

거울속의나는왼손잡이오
내악수를받을줄모르는―악수를모르는왼손잡이오

중략

거울속의나는참나와는반대요마는
또괘닮았소
나는거울속의나를근심하고진찰할수없으니퍽섭섭하오

이상, 〈거울〉 일부

이 시는 '거울'이라는 소재를 통해 거울 밖의 현실적 자아와 거울 속의 내면적 자아 사이의 갈등인 자의식의 분열을 드러낸 작품이다. 거울은 내 속의 또 다른 자아를 들여다보는 거울이다. '거울 속에는 늘 내가 있소'라는 이상 시인의 시구를 곱씹어 보게 된다. 현실의 나는 오른손을 내밀지만 거울 속의 나는 왼손을 내밀어 손을 맞잡을 수 없다는 게 슬펐던 적이 있었다. 거울 속의 내가 낯설었다.

거울의 방에 들어간 적이 있다. 사방이 거울로 되어 있었다. 비친 모습은 모두 나였지만 정작 나는 사라지고 없는 것 같았다. 앞의 거울에 손을 대 보아도 나였고 돌아서 뒤에 있는 거울을 만져도 비치는 사람은 분명 나였다. 하지만 똑같은 나의 수많은 나의 모습은 혼란스럽고 영혼이 빠져나가 하나의 물체만 있었다. 한 걸음만 옮겨도 수십 명의 내가 같이 움직였다. 어지럼증에 휘청거리자 이번에도 같이 움직였다. 급기야 주저앉고 말았다. 그러자 이번엔 바닥 가까이 내려온 얼굴들이 일제히 나를 보고 있는 것이 아닌가. 내가 누구인지, 나는 어디로 사라졌는지 순간 두려움이 엄습해왔다. 정체성을 잃어버린 듯한 멍한 상태로 바닥에 기다시피 그곳을 빠져나왔다.

먹구름이 땅까지 내려와 비라도 불러오는 날이면 괜스레 우울해진다. 창이 넓은 바닷가의 카페에서 커피를 마시고 밀려왔다 쓸려가는 파도를 멍하게 바라볼 때가 있다. 이런 날이면 차 안의 백미러에 비친 내 모습을 보게 된다. 낯설다. 꿈에 부풀어 생기 넘치던 여인은 온데간데 없고 엇박자 삶에 지친 중년의 아줌마가 나를 쳐다본다. 거울 속 낯선 이에게 평소 마음의 위로가 되었던 시를 읽어 주고 눈을 맞추며 대화를 나눈다. 상처를 줄 만한 말을 한 것도 아닌데 고장난 수도꼭지처럼 눈물을 쏟아낸다. 소리도 내지 못하고 꾹꾹 목울음을 울다 민망했던지 슬그머니 눈물을 멈추고 거울 속에서 내다본다. 한참 만에야 멋쩍은지 나를 쳐다보며 웃는 중년의 아줌마, 젊은 날의 언제인가 본 듯하다. 거울은 마음을 쓰다듬고 위로해 주는 또 다른 나이다.

거울은 모양에 따라 다르게 비춰 준다. 볼록거울은 물체가 멀고 작게 보이지만 더 넓은 범위를 볼 수 있다. 곡선으로 휘어진 길에 도로 반사경이 볼록거울인 이유다. 오목거울은 가까이 있는 물체는 크게, 멀리 있는 물체는 작게 보인다. 평면의 거울은 물체의 모습은 실체의 모습과 비슷하게 보여 준다. 저마다의 삶에서도 볼록거울 앞에 반사된 자신의 과장 포장된 모습으로 다른 사람을 무시하거나 윽박지르는 사람이 있는가 하면, 자신을 비굴하리만큼 낮추고 권력자에게 빌붙는 오목거울 같은 사람도 있다. 전신을 있는 그대로 비추는 평면거울 앞에 선 사람이 많아지면 주위는 살 만한 세상이 되지 않을까.

어떤 거울이 될까. '사회적 거울'이라는 말은 거울 안에서 나는 누구인가 하는 상이 생기고 타인의 세상은 어떤 것인가를 생각하게 한다. 마음이 얼룩지고 금이 가 있으면 나의 자아도 그러할 것이다. 현실의 내가 거울 속의 나와 맑은 모습으로 하나가 되는 날을 꿈꾸며 거울을 닦는다.

마음 마주보기

거울은 모양에 따라 다르게 비춰 준다. 볼록거울은 물체가 멀고 작게 보이지만 더 넓은 범위를 볼 수 있다. 곡선으로 휘어진 길에 도로 반사경이 볼록거울인 이유다. 오목거울은 가까이 있는 물체는 크게, 멀리 있는 물체는 작게 보인다. 평면의 거울은 물체의 모습은 실체의 모습과 비슷하게 보여 준다. 나는 어떤 거울이 될까.

세월의 깊이만큼 거울 보는 시간이 줄어드는 것 같습니다.
내면을 들여다보기 위해 거울을 더 자주 보도록 해야겠습니다.

지란지교를 꿈꾸며

유안진

저녁을 먹고 나면 허물없이 찾아가 차 한 잔을 마시고 싶다고 말할 수 있는 친구가 있었으면 좋겠다. 입은 옷을 갈아입지 않고, 김치 냄새가 좀 나더라도 흉보지 않을 친구가 우리 집 가까이에 살았으면 좋겠다.

비 오는 오후나, 눈 내리는 밤에도 고무신을 끌고 찾아가도 좋을 친구, 밤늦도록 공허한 마음도 마음 놓고 열어 보일 수 있고 악의 없이 남의 얘기를 주고받고 나서도 말이 날까 걱정되지 않는 친구가…… 사람이 자기 아내나 남편, 제 형제나 제 자식하고만 사랑을 나눈다면 어찌 행복해질 수 있을까.

영원히 없을수록 영원을 꿈꾸도록 서로 돕는 진실한 친구가 필요하리라. 그가 여성이라도 좋고 남성이라도 좋다. 나보다 나이가 많아도 좋고 동갑이거나 적어도 좋다. 다만 그의 인품은 맑은 강물처럼 조용하고 은근하며, 깊고 신선하며, 예술과 인생을 소중히 여길 만큼 성숙한 사람이면 된다.

그는 반드시 잘생길 필요가 없고, 수수하나 멋을 알고 중후한 몸가짐을 할 수 있으면 된다.

때로 약간의 변덕과 신경질을 부려도 그것이 애교로 통할 수 있을 정도면 괜찮고, 나의 변덕과 괜한 흥분에도 적절하게 맞장구쳐 주고 나서, 얼마의 시간이 흘러 내가 평온해지거든, 부드럽고 세련된 표현으로 충고를 아끼지 않았으면 좋겠다.

―이하 생략

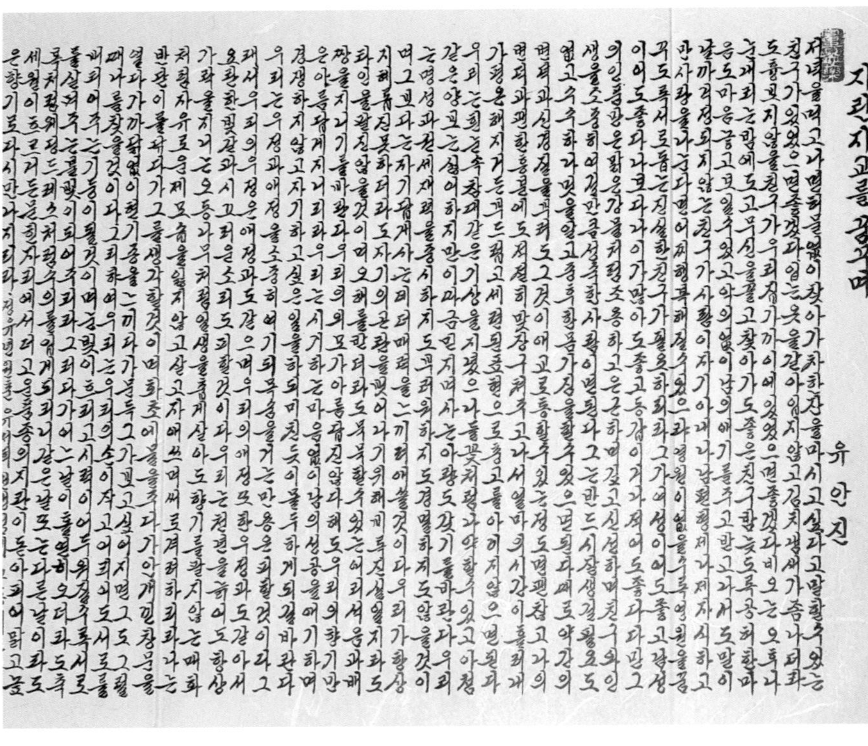

지란지교를 꿈꾸며

유 안 진

저녁을 먹고 나면 허물없이 찾아가 차 한 잔을 마시고 싶다고 말할 수 있는 친구가 있었으면 좋겠다. 입은 옷을 갈아입지 않고 김치 냄새가 좀 나더라도 흉보지 않을 친구가 우리 집 가까이에 있었으면 좋겠다. 비 오는 오후나 눈 내리는 밤에도 고무신을 끌고 찾아가도 좋을 친구, 밤늦도록 공허한 마음도 마음 놓고 열어 보일 수 있고 악의 없이 남의 얘기를 주고받고 나서도 말이 날까 걱정되지 않는 친구가 사람이 자기 아내나 남편, 제 형제나 제 자식하고만 사랑을 나눈다면 어찌 행복해질 수 있으랴. 영원이 없을수록 영원을 꿈꾸도록 서로 돕는 진실한 친구가 필요하리라. 그가 여성이어도 좋고 남성이어도 좋다. 나보다 나이가 많아도 좋고 동갑이거나 적어도 좋다. 다만 그의 인품이 맑은 강물처럼 조용하고 은근하며 깊고 신선하며 친구에게 생을 소중히 여길 만큼 성숙한 사람이면 된다. 그는 반드시 잘생길 필요도 없고 수수하나 멋을 알고 중후한 몸가짐을 할 수 있으면 된다. 때로 약간의 변덕과 신경질을 부려도 그것이 애교로 통할 수 있을 정도면 괜찮고 나의 [illegible] 가 평온해지거든 [illegible] 세련된 표현으로 충고를 아끼지 않으면 된다.

우리는 푸른 솔 창대 같은 기상을 지녔으나 들꽃처럼 나약할 수 있고 아첨 같은 양보는 싫어하지만 이따금 밑지며 사는 아량도 갖기를 바란다. 우리는 명성과 권세 재력을 중시하지도 부러워하지도 경멸하지도 않을 것이며 그보다는 자기답게 사는 데 더 매력을 느끼려 애쓸 것이다. 우리가 항상 지혜롭진 못하더라도 자기의 곤란을 벗어나기 위해 비록 진실일지라도 타인을 팔진 않을 것이며 오해를 받더라도 묵묵할 수 있는 어리석음과 배짱을 지니기를 바란다. 우리의 외모가 아름답진 않다 해도 우리의 향기만은 아름답게 지니리라. 우리는 시기하는 마음 없이 남의 성공을 얘기하며 경쟁하지 않고 자기 하고 싶은 일을 하되 미친 듯이 몰두하게 되길 바란다. 우리는 우정과 애정을 소중히 여기되 목숨을 거는 만용은 피할 것이다. 그래서 우리의 우정은 애정과도 같으며 우리의 애정 또한 우정과도 같아서 요란한 빛깔과 시끄러운 소리도 피할 것이다. 우리는 천년을 늙어도 항상 가락을 지니는 오동나무처럼 일생을 춥게 살아도 향기를 팔지 않는 매화처럼 자유로운 제 모습을 잃지 않고 살고자 애쓰며 서로 격려하리라. 나는 반닫이를 닦다가 그를 생각할 것이며 화초에 물을 주다가 안개 낀 창문을 열다가 까닭 없이 현기증을 느끼다가 문득 그가 보고 싶어지면 그도 그럴 때 나를 찾을 것이다. 그리하여 우리는 우리의 손이 작고 어리석어도 서로를 버티어 주는 기둥이 될 것이며 눈빛이 흐리고 시력이 어두워질수록 서로를 살펴주는 불빛이 되어 주리라. 그러다가 어느 날이 홀연히 오더라도 축복처럼 웨딩드레스처럼 수의를 입게 되리니 같은 날 또는 다른 날이라도 세월이 흐르거든 묻힌 자리에서 더 고운 풀꽃 종의 지란이 돋아 피어 맑고 높은 향기로 다시 만나지리라.

지란지교芝蘭之交

노란색 봉투가 등기로 도착했다. 정갈하면서도 부드럽게 휘어진 글씨가 눈에 익었다. 필체만 보아도 보낸 이를 알 수 있었다.

그가 여성이어도 좋고 남성이어도 좋다.
나보다 나이가 많아도 좋고 동갑이거나 적어도 좋다.

다만, 그의 인품이 맑은 강물처럼 조용하고 은근하며 깊고 신선하며,

예술과 인생을 소중히 여길 만큼 성숙한 사람이면 된다.

그는 반드시 잘 생길 필요도 없고, 수수한 멋을 알고 중후한 몸가짐을 할 수 있으면 된다.

유안진, 〈지란지교를 꿈꾸며〉에서

봉투를 열자 가는 붓글씨로 유안진 시인의 〈지란지교를 꿈꾸며〉라는 시가 쓰여 있었다. 노선생은 한학자漢學者다. 모임에서 알게 된 후 오랜 세월이 흘렀지만 한결같은 온유함을 간직하고 있다. 지혜와 교훈이 담긴 한시漢詩를 들려주며 마음 그릇을 다듬게 한다. 기온이 바뀔 때면 안부를 물어오기도 하고 부모의 마음으로 관심의 끈을 놓지 않는다. 절기 때마다 그에 맞는 의미를 담아 성현들의 이야기로 지혜를 준다.

벗 사이의 높고 맑은 사귐을 이르는 지란지교를 나누는데 나이는 중요하지 않다. 노선생과는 나이 차이가 나지만 허물없이 마음을 나눈다. 가는 붓을 세워 편지나 시를 적어 우편으로 보내 주기도 하고 새해가 되면 덕담을

적어 한 해의 안녕을 기원해 준다. 같은 지역에 살지만 꼭 우편으로 보내온다. 우체국에 가는 번거로움도 즐거움으로 여긴다. 가는 붓으로 한지에 글자를 쓰는 일은 많은 인내와 집중이 필요하고 흐느적대는 붓 끝을 일으키는 것은 여간 힘든 일이 아니다. 그럼에도 종이 위의 글자들은 조금의 흐트러짐도 없다. 얼마 전에는 한 권의 시집을 붓글씨로 필사한 책을 보내왔다. 유장한 정성이 전해졌다. 맑은 물결을 지닌 고운 벗을 두었으니 마음부자라는 말은 나를 두고 하는 말일 것이다.

현명한 친구는 보물처럼 다루라는 말이 있다. 인생에서 만나는 많은 사람의 호의보다 한 사람의 진정한 친구로부터 받는 이해심이 더욱 유익하다. 송강 정철이 보물처럼 여기던 율곡과 헤어지자 몸져 앓아누웠다. 동갑내기인 두 사람은 학문과 시국을 논할 뿐만 아니라 깊은 교감을 나누던 막역한 친구 사이였다. 성급하고 인내력이 부족했던 송강은 주변 사람들과 다투는 일이 잦았다. 그럴 때마다 차분하고 원만한 성품의 율곡은 바람막이 역할을 해 주었다고 한다. 송강은 평생의 벗이자 자신의 부족함을 채워주고 맑고 고귀했던 율곡과 헤어진 후 그 슬픔을 시로 달래었다고 한다.

여러 벗을 가진 사람은 한 사람의 진실한 벗을 가질 수 없고 지혜로운 친구를 가까이하면 몸과 마음을 깨끗이 간직할 수 있다고 한다. 차 한 잔을 마셔도 묵향이 묻어나고 말에도 겸양지덕이 있어 난초의 향기가 베어나는 지초芝草와 난초蘭草 같은 벗. 지란지교는 부족한 것은 채워주고 기운을 북돋아 주는 벗과의 맑고 고귀한 사귐이다.

노선생이 붓으로 정성 들여 써서 보내 준 〈지란지교를 꿈꾸며〉 시 구절을 읽고 또 읽어본다. 시의 구절은 노선생을 두고 하는 말인 듯하다. 인품은 맑고 신선하며 예술과 인생을 소중히 여기는 성숙한 사람, 그가 바로 한학자 노선생이다.

'우리의 외모가 아름답진 않다 해도, 우리의 향기만은 아름답게 지니리라.'

노선생과의 변하지 않는 우정을 각인한다.

마음 마주보기

현명한 친구는 보물처럼 다루라는 말이 있다. 인생에서 만나는 많은 사람의 호의보다 한 사람의 진정한 친구로부터 받는 이해심이 더욱 유익하다.

그대의 지란지교는 어떤 분인가요?

글꽃 소리 피어나는

—시 낭송가 유서희에게

조남훈

시 낭송가 유서희는
아궁이 속 남은 한 점 불씨다

내 서글픈 마음의 지문
한 점 남김없이 불쏘시개로 태워다오
타오를수록 아름다운 불꽃이 되어
일 년 삼백예순닷새 하루도 거름 없이
향기로운 글꽃 소리 피워내어
내 눈먼 어둠 작별하게 해다오

시 낭송가 유서희는
어둠을 뚫고 치솟는
귀환의 횃불이다

글꽃 소리

타오를수록 아름다운 불꽃이 되어

일 년 삼백예순닷새 하루도 거름 없이

향기로운 글꽃 소리 피워내어

내 눈 먼 어둠 작별하게 해다오

– 조남훈, 〈글꽃 소리〉 일부

시 낭송을 '글꽃 소리'로 표현한 것이다. 조남훈 시인이 '글꽃 소리 연구소 개소식' 때 지어준 시다. 시 낭송을 향기로운 소리로 널리 피워내라는 당부의 마음이 담겼다.

시 낭송은 시 속에 담긴 의미와 시적 감동을 청중에게 전달하기 위하여 시를 소리 내어 읊는 예술적 행위다. 1993년 재단법인 재능문화가 시 낭송의 씨앗을 심기 시작했고 나는 4년 뒤 같은 대열에 합류했다. "아름다운 세상은 우리가 만든다"는 슬로건을 내걸고 시 낭송 보급에 열정을 쏟았다. 시 낭송 단체와 대회의 물결이 이어지는 소식을 접할 때마다 큰 보람을 가진다.

시 낭송은 소리 예술이다. 시를 이해하고 분석하여 시인의 의도와 자신의 느낌을 소리로 표현하는 것이다. 고

저장단과 여음, 포즈 그리고 목소리를 더한다. 무엇보다 자신의 목소리와 감성에 맞는 시를 선택하는 기초과정이 무엇보다 중요하다. 발음이 정확해야 하고 호흡이 살아 있어야 맛깔나게 시를 낭송할 수 있다. 발음을 교정하고 발성을 훈련하는 것도 단숨에 할 수 있는 것은 아니지만 호흡을 단련하는 과정이야말로 가장 어렵다. 호흡은 사람의 몸에 비유하자면 뼈에 해당한다고 할 수 있겠다. 그만큼 중요한 기초가 된다는 의미다. 그 중요성을 인식하고 낭송 기법을 다듬어 자신만의 소리 예술로 승화시키는 것이다.

시 낭송은 치유의 힘이 있다. 마음에 와닿는 시를 소리 내어 읊다 보면 어느새 편안해진 나를 발견하게 된다. 어스름하게 흐린 날 센티멘털해질 때면 시집을 펼치고 소리 내어 읽는다. 시 속에 감정과 동화되는 구절을 읽으면 나도 모르게 두 볼에 눈물이 흐른다. 감정을 쏟아내고 나면 마음이 편안해진다.

결혼 후 얼마 지나지 않아 남편의 직장을 따라서 온 울산은 낯설고 외로웠다. 산후 갑상샘 이상과 우울증까지 겹쳐 힘든 시간이었다. 그때 시 낭송이 큰 힘이 되었다. 공감되는 시를 소리 내 읽으며 울기도 하고 필사를 하며 많은 위로를 받았다. 시를 소리 내 읽으면 글이 꽃으로 피어나 내 마음을 어루만져 주는 것 같았다. 시 낭송이 가진 치유의 힘으로 고난을 견디어 낼 수 있었기에 글꽃 소리를 피워내는 일에 보람을 가진다.

자연스러운 시 낭송은 감동을 준다. 웅변조나 완급의 조절이 자연스럽지 못한 낭송을 들으면 거부감이 생긴다. 몇 차례 시 낭송 포럼을 진행했었다. 그때마다 웅변조 낭송이 개선되어야 한다는 의견이 제기되었다. 자연스러운 낭송을 하기 위해서는 시를 분석하고 이해하는 것이 먼저다. 이 부분을 놓치고 기교에만 집중하는 경우가 많다. 시를 분석하고 이해한 후 낭송을 하면 가슴속에서 우러나오는 자연스러운 감정으로 감동의 깊이를 더하게 된다. 이십사 년 동안 시 낭송을 공부하고 있지만 감동적인 낭송을 하는 것은 여전히 어렵다.

아름다운 세상을 만들어 가는 글꽃 소리를 피워내기 위해 노력을 아끼지 않을 것이다.

마음 마주보기

마음에 담기는 시를 소리 내어 읊어 보세요. 마음이 편안해질 거예요.

2부 :: 길을 묻다

길을 묻다

퍼즐 행진곡

양귀비의 유언

반곡지의 에피소드

장미를 접다

빈 의자

주머니가 샌다

길을 묻다

글씨 그림을 그린다. '길'은 자주 그리는 글자다. 볼펜심의 움직임은 고속도로, 국도, 지방도를 달리다 오솔길로 들어서기도 하고 스피드를 즐기는 레이싱 길이 되기도 한다.

받침 'ㄹ'을 그릴 때 꺾어짐에서 멋을 부려본다. 꼬불꼬불 에움길을 그리거나 힘을 주었다 뺐다 흘림의 비백 서로 'ㄹ'은 강물의 길이 되기도 한다. 머리가 복잡할 때 '길' 그리기는 산사에서 들려오는 풍경소리처럼 마음을 다스리게 된다. 요즘 신조어인 불멍, 물멍처럼 글멍인 셈이다.

오솔길을 걸으면 여유롭고 편안해진다. 보이지 않는 길 너머 작은 꽃과 이름 없는 풀이 궁금해진다. 그늘과 햇볕이 팔짱을 끼고 있는 길에 풀벌레 소리가 바람을 불러 도란도란 동행한다. 오솔길에서 만나는 비는 우산을 받지 않아도 좋다. 빗소리에 가만히 귀를 열면 풀잎에 떨어지는 소리, 나뭇잎에 떨어지는 소리, 길에 떨어져 흙을 둥글리는 빗소리가 다르다. 곧 자연의 왈츠가 시작되고 비의 연주가 된다.

여행을 할 때 고속도로보다 국도를 좋아한다. 속도를 내지 않아도 되고 국도변에 있는 식물과 풍경을 보는 즐거움이 있다. 고향 냄새도 느낄 수 있고 흙냄새, 도랑물 냄새, 민들레 향기, 어릴 적 엄마의 젖 냄새까지. 봄이면 복숭아꽃이 수줍게 날리고 여름이면 줄 맞춰 선 백일홍, 가을이면 코스모스며 잘 익은 과일들이 눈으로 보아도 배부르다. 창밖으로 펼쳐진 겨울은 숨김이 없이 진솔하다. 어쩌면 그래서 나는 겨울의 7번 국도를 자주 다니는지도 모르겠다.

인생은 길의 집결체라 할 수 있겠다. 인생을 길에 비유하는 것은 시작과 끝이 있다는 공통점 때문일 것이다. 태어나서 생을 마감할 때까지 수많은 일과 이야기들이 그려진다. 때론 잘못된 길로 들어서 고난을 겪을 때도 있고 돌부리에 걸려 넘어질 때도 있다. 이제는 끝이겠지 하면 또다시 찾아오는 고난을 견디며 삶을 붉게 피워낸다. 출발점에서 도착할 때까지 모든 것들이 인생이라는 길 위에 담긴다.

길은 내가 살아온 발자국이다. 부모님과 행복했던 유년의 기억, 친구들과의 추억, 결혼과 출산, 기쁨과 행복, 슬픔과 절망, 고통 등 문신들이 고스란히 찍힌 몸의 문장들이다. 마침표 없는 길 위에서 쉼표와 느낌표, 물음표를 번갈아 던지며 걸어간다. 뚜벅뚜벅.

인생이라는 길 위에서 마음이 열리는 사람을 만나는 기쁨은 삶의 윤기를 더해주는 수사법이 된다. 많은 만남

과 이별은 사람을 소신 있게 볼 줄 아는 혜안의 길을 만들어 주기도 한다. 하지만 흔들리지 않고 피는 꽃이 없듯이 사람과의 관계에서도 갈등을 겪게 된다. 그럴 때마다 마음의 소리에 귀기울여 갈등을 해소하고 '마주보기'로 긍정의 길 위에 서려고 한다. 사람들에게 겸양지덕의 향기로 길을 열어주는 마음 하나 장만해야겠다.

내 삶의 동반은 글이다. 이십 년이 넘도록 글이라는 씨앗을 뿌렸지만 정작 글 밭의 울타리조차 만들지 못했다. 좋은 글을 써서 사람들에게 양분이 되는 글 밭을 가꾸어야겠다. 햇살이 금빛 융단으로 내려앉은 길 위에서 나는 어떤 글로 글 밭을 가꿀까?

글씨 그림 '길', 그 길 위에서 나의 길을 묻는다.

마음 마주보기

길은 내가 살아온 발자국이다. 부모님과 행복했던 유년의 기억, 친구들과의 추억, 결혼과 출산, 기쁨과 행복, 슬픔과 절망, 고통 등 문신들이 고스란히 찍힌 몸의 문장들이다. 마침표 없는 길 위에서 쉼표와 느낌표, 물음표를 번갈아 던지며 걸어간다. 뚜벅뚜벅.

그대
길, 잘 가고 있나요?

퍼즐 행진곡

그림 퍼즐을 사 왔다. 표지에는 여러 대의 배가 항구에 정박해 있다. 빼곡한 하얀 건물 창문마다 따뜻한 불빛이 새어 나온다. 여유로운 어촌의 저녁 풍경이다. 아들의 깜짝 선물에 가라앉아 있던 기분이 밝아졌다. 오랜만에 보는 퍼즐을 빨리 맞춰 보고 싶어 집안일을 접고 탁자에 퍼즐 조각을 펼친다.

친정엄마가 갑자기 돌아가시고 일 년 뒤 시댁 식구들 중 유일하게 내 편이던 시아버지와도 영영 이별을 하게 되었다. 아이들은 나의 마음을 위로해 주기엔 아직 어렸고 남편은 위로보다 사사건건 트집을 잡으며 상처를 덧나게 했다. 겨울 들판의 앙상한 나뭇가지 마냥 추위를 고스란히 맞으며 고통을 견뎌야 했다. 심신이 지쳐 어디에도 마음 둘 곳이 없을 때 퍼즐이 위로가 되었다.

퍼즐은 1930년대의 공황기 때 어른들의 놀이로 대중화되었다. 당시 퍼즐은 고통과 고난의 시간을 견디는 탈출구 역할을 했다. 퍼즐을 완성한다는 것은 심각한 실업률로 극도의 어려운 현실 속에서 성취감을 주었으며, 집안에서 가족이 함께할 수 있는 건전한 놀이문화로 자리잡아갔다.

이마까지 내려온 먹구름이 기분을 가라앉게 하던 날, 기분전환을 하기 위해 길을 나섰다. 시집을 사려고 서점에 들렀는데 그림 퍼즐 상자가 눈에 들어왔다. 강아지가 풀밭에서 공놀이를 하고 있는 것 같은 그림에 마음이 끌렸다. 시집과 함께 퍼즐도 샀다. 집으로 돌아오는 내내 시집보다도 퍼즐에 마음이 갔다. 아들이 그림 퍼즐을 사 온 뒤 오랜만에 퍼즐을 할 생각에 잰걸음으로 서둘러 집에 왔다.

집에 오자마자 시집은 던져 두고 그림 조각들을 펼쳤다. 가장자리부터 맞춰나갔다. 생각처럼 쉽지 않았다. 한시라도 빨리 그림을 맞춰 완성하고 싶었지만 마음만 동동거렸다. 가장자리를 맞추는데도 꽤 오랜 시간이 걸렸다. 눈대중으로 봐선 맞을 것 같아도 막상 맞춰 보면 그림이 이어지질 않았다. 대단한 일이라도 하는 것처럼 간간이 목 운동과 어깨를 풀며 조각 그림을 맞춰갔다. 조각의 홈이 들어맞을 때마다 조금씩 성취감이 올라왔다.

이전에는 그림 퍼즐 맞추기를 자주 했었지만 결혼 후에는 아이들을 키우며 집안일에 매여 퍼즐을 할 시간적 여유가 없었다. 언뜻 보기엔 쉬울 것 같지만 막상 조각들을 펼쳐 놓고 보면 혼란스럽다. 그림 퍼즐은 그림 조각을 모두 맞추었을 때의 기쁨도 크지만 그림을 맞춰가는 과정도 재미있다. 조각의 색깔이 비슷하여 오랜 시간 집중을 해야 하기 때문에 가끔은 인내심이 바닥을 드러내기도 한다. 명화 그림 퍼즐을 맞출 때면 마치 그 그림을 그린 화가가 된 듯한 묘한 재미에 힘든 것을 잊게 된다.

마음도 퍼즐처럼 맞출 수 있다면 얼마나 좋을까. 살다 보면 뜻대로 되지 않는 경우가 종종 있다. 엄마의 장례식을 치르면서 형제들과 등을 지게 되었다. 갑작스러운 엄마의 죽음에 대한 충격으로 예민해 있던 감정은 사소한 일에도 격분했다. 훗날 관계 회복을 위해 노력했지만 그럴수록 사이는 더 멀어졌다. 인생도 퍼즐과 별반 다르지 않은 것 같다. 한 번 어긋나기 시작한 마음은 맞지 않는 그림을 억지로 맞추려고 해도 맞춰지지 않는 그림 조각과도 같다.

천오백 조각의 퍼즐을 샀다. 흐트러진 마음의 조각을 맞추듯 천천히, 가장자리부터 한 조각씩 제자리에 앉힌다.

마음 마주보기

마음도 퍼즐처럼 맞출 수 있다면 얼마나 좋을까. 살다 보면 뜻대로 되지 않는 경우가 종종 있다.

그이와 마음이 어긋나거나 머릿속이 복잡할 때, 기분 전환이 필요할 때 그림 퍼즐을 해보세요.

양귀비의 유언

경주 분황사 담장 밖에는 붉은 나비가 떼 지어 날고 있다. 양귀비는 5월의 햇살을 받아 눈이 부신다. 가녀린 줄기에 얇은 꽃잎은 바람이 불 때마다 파르르 날갯짓을 하고 있다.

어버이날을 맞아 친정에 갔다. 마당에 못 보던 양귀비 꽃이 함박 피어있었다. 엄마는 양귀비 잎을 따서 쌈 채소로 밥상에 올렸다. 양귀비 잎을 먹으면 안 된다는 것을 후에 알게 되었다. 당시 시골에는 양귀비를 키우는 것이 유행처럼 번져 있었다. 마약 원료가 되는 꽃을 키운다며 경찰서에 붙잡혀 간 사람도 있었다. 시골마다 심어져 있는 양귀비꽃을 폐기하라는 뉴스가 나오기도 했다.

점심을 먹으면서 엄마는 넋두리처럼 집안 대소사에 대한 돈치레를 늘어놓았다. 종갓집 종부로서 아버지의 빈자리를 채우려고 하는 것 같았다. 결혼 후 처음으로 엄마와 겸상을 했다. 오붓한 자리에서 엄마는 마음 보따리를 풀었다. 식사 후에는 곳간으로 나를 데리고 갔다. 쌀과 참깨, 고춧가루 등 양념과 곡류를 골고루 나눠 담아 둔 곳을 알려 주며 다투지 말고 사이좋게 지내라며 당부를 했다. 이어 마루로 가 앉으며 "지금처럼 큰 걱정 없이 몇 년만 더 살다가 죽으면 소원이 없겠다."라고 뜬금없이 말했다. 평소 같지 않은 모습에 이상하다고 생각되었지만 대수롭지 않게 넘겼다.

엄마의 손에는 한시도 물기 마를 때가 없었다. 집안의 대소사와 농사일까지 도맡아 했다. 집안일보다 바깥에서 활동하는 시간이 많았던 아버지의 빈자리도 엄마의 몫이었다. 중풍과 치매에 걸린 할머니의 병시중으로 고생이 이만저만이 아니었다. 음식 솜씨도 좋아 도깨비방망이처럼 뚝딱뚝딱 음식을 만들어 냈다. 마을의 큰 행사에는 엄마의 요리가 빠지는 법이 없었다. 갖은 고생하며 가시밭길을 걸어온 엄마는 요즘 손자들 재롱을 보며 용돈 주는 재미로 지내고 있다.

대문 앞에 서서 손을 흔들며 배웅하는 엄마의 모습을 뒤로하고 집으로 출발했다. 먼 하늘을 바라보며 쓸쓸하게 보이던 엄마의 눈빛이 머릿속에서 떠나질 않았다. 엄마와 둘이 보냈던 어버이날은 양귀비꽃보다 붉게 간직되었다.

이른 아침 전화벨이 울렸다. 새벽에 엄마가 쓰러져 병원으로 이송 중이라고 했다. 어제저녁, 집에 도착했다는 통화를 할 때까지만 해도 멀쩡했던 엄마가 쓰러졌다니 믿을 수가 없었다. 병원으로 달려갔다. 평소 기형 혈관이 있었는데 사레에 들려 혈관이 터진 것이라고 했다. 골든타임을 놓쳤다고도 했다. 수술해도 의식을 회복할 가

능성이 없다고 했다. 결국 수술은 포기하기로 했다. 주말 저녁 면회 시간에 엄마와 만날 수 있었다. 풍선처럼 부풀어 오른 몸으로 하나뿐인 아들 걱정에 이승을 떠나지 못하고 끈질기게 의식을 붙잡고 있는 것 같았다. 엄마의 마음을 알기에 '동생은 잘 보살필 테니 걱정하지 마시라'는 말을 해 주었다. 그 말을 들었는지 한줄기 눈물을 보였다.

다음 날 새벽, 꿈을 꾸었다. 배에서 그물을 던졌는데 백골이 올라왔다. '내 인자 갈란다.' 엄마의 목소리가 환청처럼 들렸다. 잠은 깼지만 꿈이 너무나 생생했다. 중환자실에 입원한 지 일주일 만에 한 송이 붉은 양귀비꽃이 되었다. 어버이날 마지막으로 들은 엄마의 넋두리는 유언이 되었다.

엄마는 계모가 아닐까 생각한 적이 있다. 어렸을 때부터 공부 잘하는 남동생만 이뻐하고 나를 구박했다. 동생과 싸울 때도 나만 혼을 냈다. 힘든 일이며 집안일도 나에게만 시켰다. 청소와 빨래, 밥상 차림, 자잘한 농사일과 심부름…, 밥을 먹을 때도 아버지가 쇠고깃국 건더기를 슬그머니 나의 국그릇에 떠 주면 음식을 가린다며 타박했다. 내가 하는 것마다 못마땅해했다.

언니네에 사정이 생겨 잠시 돌봐 주던 때가 있었다. 하루는 잠투정이 심해 어렵게 잠든 조카를 내가 울리고 말았다. 삼십여 분 동안 어르고 달랬지만 울음을 그치지 않자 엄마의 분노가 폭발했다. 갖은 악담은 폭풍우로 덮쳤다. 무작정을 집을 뛰쳐나왔다. 친구의 집에서 자고 다음

날 집으로 가니 엄마는 말없이 밥상을 차려 주었다.

양귀비꽃의 꽃말은 '위안'과 '망각'이다. '엄마'라는 말속에 눈물샘이 산다. 엄마를 떠올리기만 해도 위안이 된다. 갑작스러운 엄마의 부재는 쏟아지는 장대비 속을 우산도 없이 걸어가는 삶이었다. 하지만 '망각'이라는 선물은 천천히 고통을 잊게 해 주었다. 엄마는 자신의 운명을 예감하였던 걸까. 그래서 양귀비쌈으로, 엄마에게서 받았던 상처를 위로와 망각의 묘약으로 마지막 상을 차려 주었던 것이 아니었을까.

양귀비꽃이 붉은 물결을 이룬다. 뼛속마다 세월의 가시가 박힌 육신, 몇 년만 편하게 살고 싶다던 엄마. 죽음을 목전에 두고도 자식들을 걱정하던 엄마의 유언이 선홍빛 꽃잎이 되어 바람에 나부끼고 있다. 양귀비 꽃잎에 앉아 있던 노란 나비 한 마리가 팔랑거리며 날아오른다.

마음 마주보기

양귀비꽃의 꽃말은 '위안'과 '망각'이다.

양귀비쌈으로, 엄마에게서 받았던 상처를 위로와 망각의 묘약으로 마지막 상을 차려 주었던 것이 아니었을까.

그대도 엄마가 많이 그립죠. 오늘은 마음껏 엄마를 불러 보세요.

반곡지의 에피소드

가방이 없어졌다!

오래전부터 벼르던 새벽의 반곡지를 사진으로 담기 위해 서둘렀다. 반곡지는 사진작가들이 인터넷에 사계절의 풍경을 올리면서 알려졌다. '사진 찍기 좋은 녹색 명소'로 선정되어 사랑을 받고 있으며, 드라마 촬영지로도 알려져 많은 관심을 받는 곳이다.

몇 해 전, 얼음 속에 잠긴 반곡지의 모습이 잊히지 않아 다시 오겠다고 생각했다. 아담한 호수 속에 비친 나무의 자태는 마음을 매료시키기에 충분했다. 물가로 내려가 사진을 찍었다. 어깨에 맨 가방의 무게 때문에 셔터를 누를 때마다 카메라가 흔들렸다. 그래서 가방 놓아둘 곳을 찾던 중 나무줄기가 떨어져 나가 가방 두기에 안성맞춤이었다. 길가였지만 이른 아침이라 일행 외엔 아무도 보이지 않아 안심이 되었다. 다시 호숫가로 내려가 정신없이 셔터를 눌렀다. 한참 만에 그루터기로 갔더니 가방이 없어졌다. 같이 갔던 일행들에게 달려가서 물었지만 그들은 가방을 보지 못했다고 했다. 눈앞이 캄캄해지고 머릿속이 복잡해졌다. 가방 안에는 핸드폰과 지갑, 자동차 열쇠 등 갖가지 중요한 소지품이 들어 있었다. 엎친 데 덮쳐 갑자기 장대비까지 내리기 시작했다. 우산이 자동차 안에 있었으나 열쇠가 없어 꺼낼 수도 없었다.

이른 새벽, 주위를 둘러보았지만 사람은 보이지 않았다. 도깨비에 홀린 듯했다. 한동안 멍하니 서 있다가 정신을 모았다. 가방을 놓아둘 때의 상황을 떠올려 보았다.

번개처럼 스치는 것이 있었다. 산책을 마치고 출입구로 멀어지는 두 사람이 있었다. 그들이 내 가방을 가져간 것이라는 확신이 들었다. 그럴 리가 없다고 생각하면서도 의심은 꼬리에 꼬리를 물었다.

"새댁이요, 무슨 일인교?"

마침 새벽 밭일을 나오던 할머니가 창백해진 나를 보고 말을 걸어왔다. 내 얘기를 들은 할머니는 다행히 두 사람을 안다고 하면서 집을 알려 주었다. 그 말을 들으니 마음에 한줄기 빛이 들어오는 것 같았다. 할머니가 알려 준 집으로 향했다.

머리카락과 옷은 흠뻑 젖어 몸을 압박하고 화장은 얼굴을 타고 흘렀다. 할머니가 알려 준 집까지 동행한 지인도 몰골이 말이 아니었다. 영락없이 물에 빠진 생쥐였다. 자동차 열쇠가 가방 안에 있어 비를 쫄딱 맞고 있을 것을 생각하니 조급해져 뛰었다. 이런 모습을 내밀면 그 사람들이 어떻게 생각할까, 가방을 못 봤다고 하면 어쩌나, 아니야 분명히 그 사람들이 갖고 있을 거야…. 스스로 안심시키려는 마음과 의심이 머릿속에서 팽팽하게 줄다리

기를 하고 있었다.

할머니가 알려 준 집에 도착했다. 조심스럽게 문을 두드렸다. 늙수그레한 할머니와 할아버지가 얼굴을 내밀었다.

"실례합니다. 혹시 반곡지에서 가방 하나 못 보셨어요?"

"아유, 그렇잖아도 어젯밤에 누가 두고 갔는갑다 싶어서 들고 왔제. 오늘 놔 뒀능교. 주변에 보이 아무도 없던데."

나의 얼굴빛을 보더니 할머니는 주인을 찾아 주고도 미안한 눈빛이었다.

"내 아무것도 손대지 않고 고대로니께 한번 보소."

의심의 눈빛을 거두려는지 할머니는 기어이 그 자리에서 가방 안을 확인하게 했다. 아무 이상 없다며 안심시키고 고맙다는 인사를 연거푸 했다. 가방을 안고 돌아서자 비가 더 세차게 쏟아졌다. 정황을 알아보려고 하지 않고 사람을 의심부터 한 부끄러운 마음이 소나기에 말끔히 씻겨지기를 바라며 그 비를 흠뻑 맞았다.

마음 마주보기

마음, 잃어버린 건 아니겠죠.

장미를 접다

종이로 꽃을 피웠다. 그 섬세함에 생화 같은 착각이 들기도 하고 향기가 날 것 같아 얼굴을 가까이 대어 보게 된다. 종이접기를 하는 동안 요술쟁이가 되는 착각이 든다. 꼭짓점을 포개고 면과 면을 맞대어 접으면, 도라지꽃이며 해바라기, 장미가 핀다.

조카에게서 장미꽃 접는 법을 배웠다. 만드는 과정이

복잡하고 까다로워 포기할까도 했지만 완성품을 보는 순간 만들어 보고 싶어졌다. 장미꽃은 다른 꽃에 없는 꽃받침까지 만들어야 한다. 종이를 수십 번 접어야 한 송이의 꽃이 완성될 정도로 손이 많이 간다. 여러 번 뒤집어 접어 한 송이 꽃으로 완성이 되는 것이 신기하기만 하다. 꽃잎의 가장자리가 말린 모양을 내기 위해 끝을 살짝 뒤집고 볼륨감을 살리기 위해 공기를 불어 넣으면 마술처럼 장미꽃이 피어난다. 만드는 과정은 힘들지만 그만큼 정교하고 입체적이어서 생화에 뒤지지 않을 만큼 예쁘다. 집에 오는 사람들에게 인기를 끄는 것도 장미꽃이다. 붉은 장미는 장식대 위에 한아름 올려놓았다. 그 아래에는 분홍 장미를 꽂아 놓았다. 종이로 만든 장미꽃 덕분에 칙칙했던 집안의 분위기가 오월의 봄처럼 화사해졌다.

꽃의 여왕으로 불리는 장미는 언제 보아도 아름답다. 여러 종류의 색깔이 있지만 그중 붉은 장미에 마음을 빼앗기곤 한다. 고혹적인 빛깔과 사랑, 열정의 꽃말을 가진 붉은 장미 향기가 여느 장미보다 좋다. 달콤하면서도 깊고 사랑스러운 향기를 맡으면 마음이 활짝 펴지는 기분이다. 향기가 나는 생화는 아니지만 종이로 접어 장식해 두면 내내 좋아하는 장미꽃을 볼 수 있으니 화사한 소품으로 탄생할 모습을 상상하면 꽃을 접는 시간이 즐거웠다.

학창 시절에 짝사랑하던 선생님을 위해 종이학을 접던 추억이 떠올랐다. 훤칠한 키에 안경 너머로 보이는 눈빛이 멋있었던 미술 선생님. 나를 부를 때 "잘 웃는 유숙자(개명 유서희)"라고 불러 주어 선생님도 나에게 관심을 가지고 있다고 생각했었다. 당시 친구들 사이에는, 천 마리의 종이학을 접어 좋아하는 사람에게 선물하면 그 사랑이 이루어진다는 말이 유행이었다. 그래서 나도 쉬는 시간마다 선생님께 줄 종이학을 접었다. 누군가를 위해 직접 만들어 선물해 본 적이 없던 내겐 행복한 시간이었다.

천 마리의 종이학이 완성되어갈 즈음, 자율학습 시간에 종이접기를 하고 있었다. 나는 시끌벅적하던 교실이 조용해진 것도 모른 채 종이접기를 하고 있었다. 고개 숙이고 있던 나의 눈에 손바닥이 쓰윽 들어왔다. 교련 선생님이었다. 평소에도 무섭고 까다롭기로 소문난 선생님이었다. 아니나 다를까 시간 날 때마다 숨죽여 가면서 만들었던 천 마리 종이학의 꿈을 압수당했다. 그날 밤 속상한 마음에 밤을 새우듯 눈물을 흘렸다. 지금 돌이켜 생각하면 그때 미술 선생님에게 마음을 들키지 않은 게 참 다행한 일이다. 장미꽃을 접으며 학창 시절의 풋풋했던 설렘을 다시 느껴보게 되었다.

종이접기는 정서적으로 위안이 된다. 종이로 꽃을 접을 때면 바쁜 일상생활 속에서 나를 돌아보게 된다. 한 송이 두 송이 집중하다 보면 마음이 차분해진다. 완성된 붉은 장미는 아름다울 뿐만 아니라 내 얼굴에도 붉은 미소가 번진다. 마음도 장미꽃처럼 부풀어 올라 고혹적인 향기를 품을 것 같다.

거실 벽에 걸린 장미를 보고 있노라면 은은한 장미 향기가 집안에도 가득 퍼지는 것 같다. 우중충한 집안 분위기가 밝아졌다. 장미를 닮아 가고 있었던 걸까. 가족들 사이에 웃음이 많아지고 장미꽃 향기 같은 고운 말들이 오고 간다. 앙증맞게 걸려 있는 빨간 장미가 활짝 웃고 있다.

마음 마주보기

완성된 붉은 장미는 아름다울 뿐만 아니라 내 얼굴에도 붉은 미소가 번진다.

붉게 생生을 피우는 그대에게 장미 한 송이 선사합니다..

빈 의자

우가포 바닷가에 나무 의자가 덩그러니 놓여 있다. 먼 바다를 바라보고 앉아 있다. 다리는 기울어져 위태롭고 색은 바랠 대로 바래 의자라고 부르기에 민망하다. 사람의 발길이 끊어진 초겨울 바다의 빈 의자는 수평선에서 불어오는 짜디짠 해풍에 쓸쓸하다.

혼자인 날이면 가끔 우가포에 간다. 바닷가를 걷다가

지치면 삐걱거리는 나무의자에 누워 하늘을 올려다본다. 쨍하도록 파란 하늘엔 뭉게구름이 바람에 산산이 흩어진다. 흠칫 밀려오는 비릿한 바다의 부름에 일어나 멀리 수평선을 바라본다. 빈 의자는 몸을 뒤척일 때마다 네 개의 다리가 삐거덕삐거덕 말을 걸어온다.

우가포의 의자는 나의 아지트다. 누구에게도 하지 못한 말을 바다에 띄워 보내고 싶을 때, 모래밭에 올망졸망 핀 갯메꽃과 분홍 찔레가 보고 싶을 때마다 가는 장소다. 깨알같이 작은 조개껍데기는 소금기에 삭아 모래 같다. 손으로 비비면 사그락 사그락거리는 소리가 자갈밭을 걷는 발걸음처럼 들린다. 빈 의자가 기울어져 있는 것은 바람의 언어를 긁어모아 모래톱에 묻어 두느라 움푹하게 웅덩이가 생겨서일지도 모를 일이다.

제주도 낙천 아홉굿 의자마을에는 천 개의 빈 의자가 있다. 의자마다 이름과 모양이 다르다. '행복 두 개 더', '비 온 뒤의 맑음', '치유되다' 등 재미있고 공감되는 문구가 많아 친근감과 편안함이 든다. 빈 의자는 저마다의 이름과 메시지로 오가는 사람들을 불러 앉히고 미소 짓게

한다. 숫자가 적힌 의자는 인생길을 되짚어 보게 하고, 쉼표가 새겨져 있는 의자는 앞만 보며 달려가던 길 잠깐 쉬어가라는 의미일 것이다.

빈센트 반 고흐는 〈고흐의 의자〉와 〈고갱의 의자〉를 그렸다. 고흐의 의자는 노란색을 주로 사용하여 자신을 낮으로 표현하였다. 오랫동안 자리를 비운 것을 암시하는 담배 파이프가 놓여있다. 반면 고갱의 의자는 녹색의 안락의자로 밤과 열정이 강한 인물을 상징했고 책과 촛불을 그려 잠시 자리를 비운 것으로 표현했다. 빈센트 반 고흐의 빈의자는 고갱이 돌아오기를 마음이 담긴 기다림이다.

살던 동네에는 허름한 가게가 몇 곳 있었다. 간판이라야 삐뚤빼뚤 받침도 틀리게 쓴 나무 간판에 조명도 계산대도 없는 곳이었다. 학교 앞 모퉁이에 조각보 같은 가게들이 따닥따닥 어깨를 붙이고 앉아 있었다. 달고나 점방 앞에 허름한 플라스틱 의자들은 달콤한 오수를 즐기다가 하교 시간이면 몰려오는 아이들로 분주해졌다. 짹짹거리던 아이들이 달달했던 시간을 책보에 담고 집으로 돌아가면 동그란 의자 위에 스며있던 어린 온기도 따라 식었다.

의자는 사유의 집합체가 아닐까. 산속에 있는 의자는 등산객에게 쉼과 굵은 땀방울을 씻겨 주고 억새밭에 있는 의자에는 가을의 낭만이 스며있다. 지친 발걸음에는 쉼표를, 풍경을 담는 이들에겐 마음의 여유를, 고민을 안고 오는 사람에겐 비움을 선사한다. 마음 한 자락 내려놓을 자리가 간절한 이에게 빈 의자 하나 햇볕 좋은 흙담장 아래에 내어놓는다.

초겨울 오후 햇살이 바닷가에 덩그러니 있는 빈 의자에 살포시 앉아 있다. 구름은 그 위에 수묵화 한 점 올려놓고 바람과 속닥거린다. 석양의 윤슬을 마주한 우가포 바닷가의 빈 의자는 오렌지색 수채화로 물든다.

마음 마주보기

제주도 낙천 아홉굿 의자마을에는 천 개의 빈 의자가 있다. 의자마다 이름과 모양이 다르다. '행복 두 개 더', '비 온 뒤의 맑음', '치유되다' 등 재미있고 공감되는 문구가 많아 친근감과 편안함이 든다. 빈 의자는 저마다의 이름과 메시지로 오가는 사람들을 불러 앉히고 미소 짓게 한다. 숫자가 적힌 의자는 인생길을 되짚어 보게 하고, 쉼표가 새겨져 있는 의자는 앞만 보며 달려가던 길 잠깐 쉬어가라는 의미일 것이다.

열심히 오늘을 건너온 그대를 위해 빈 의자 하나 내어 드립니다.

수고한 '나'에게 따뜻한 인사를 건네주세요.

주머니가 샌다

주머니가 새고 있나 보다. 가을날 바쁘게 도토리를 주워 모으는 다람쥐처럼 쉬지 않고 주머니를 채워 왔지만 여전히 빈 주머니다. 사치하거나 낭비를 한 것도 아니다. 지금껏 살아오면서 나를 위해 선물 한번 한 적이 없었다. 꾸준하게 일을 하는데도 내 쌈지는 채워지지 않는다.

취직 후 첫 월급을 받고부터 매달 꼬박꼬박 적금을 부

었다. 많지 않은 월급을 쪼개서 알뜰하게 돈을 모았지만 만기가 되기 무섭게 집안에 일이 생겼다. 아버지는 추석을 보내고 바로 다음 날 뇌졸중으로 쓰러졌다. 두 번의 뇌수술을 했다. 엄마는 병원비를 감당할 형편이 못 되었다. 그나마 가족 중에서 병원비를 낼 수 있는 사람이라곤 나밖에 없었다. 그동안 모아 놓았던 돈을 긁어모아 병원비로 썼다. 병원에서는 수술을 했지만 병증이 심각하여 한 달을 넘기기 힘들 것이라 했다. 하지만 다행하게도 아버지는 차츰 회복되었다.

다람쥐의 볼주머니가 부러웠다. 한번 볼주머니에 들어간 것은 빠트리지 않는다고 한다. 볼주머니는 도토리, 밤 등 씨앗과 열매를 운반하는 구실을 한다. 탄성이 있는 양볼에 넣고 둥지로 나르거나 땅에 묻어 보관한다. 추운 겨울을 나기 위해 비축하는 양식일 것이다. 가끔은 땅속에 묻어두고 어디에 숨겼는지 모를 때가 있다. 그럴 때면 다음 해에 씨앗이 발아하여 싹이 돋고 상수리나무가 된다. 다람쥐의 볼주머니 같은 주머니를 갖고 싶었다.

그 후로도 주머니에 돈이 조금 모인다 싶으면 집안에

일이 터졌다. 목돈을 만드는 일은 언감생심 꿈도 꿀 수가 없었다. 독하게 마음을 먹고 일이 생겨도 중도에 해지하지 않으리라 다짐하고 언니에게 적금통장을 맡겼다. 사고 싶은 옷도 눈으로만 보고 먹고 싶은 것도 참아가며 한 알 두 알 이삭 주워 망태기에 담듯 삼 년을 한 달도 빼먹지 않고 적금을 넣었다. 손꼽아 기다리던 만기일이 되었을 때 언니에게 통장을 돌려달라고 했다. 그런데 언니는 내가 매월 준 적금을 생활비로 쓰고 있었고 남은 돈은 한 푼도 없었다. 너무 속상하고 분노가 치밀었지만 언니의 형편을 듣고 더이상 아무 말도 할 수 없었고 지금껏 돌려받지 못했다.

여섯 명의 시누이가 있는 삼대독자인 남편과 결혼했다. 신혼 첫 달부터 지금까지 시부모의 생활비를 전적으로 책임지고 있다. 그러다 보니 내 것은 물론이고 아이들도 챙길 여력이 되지 않았다. 초등학생이었던 두 아들이 그렇게 다니고 싶어 했던 태권도 학원도 보낼 형편이 못 되었고 중학생일 당시에 누구나 배우던 컴퓨터 학원도 보내지 못했다. 결혼을 하고도 쉰 적 없이 직장을 다녔지만 좀처럼 형편은 나아지지 않았다. 그런데도 남편은 여전히 엄마와 누나들 편에서 독불장군처럼 굴고 가족들의 생활은 뒷전이었다. 헐거워진 내 주머니는 점점 더 홀쭉해져 거의 빈 지경이 되었다.

빈 둥지 증후군을 앓고 있다. 자식들이 성장해 부모의 곁을 떠난 중년 주부들이 느끼는 심리상태라고 한다. 삶의 보람이라 여겼던 가족이 제자리를 찾아 떠나고 자신은 더이상 쓸모없는 껍데기만 남았다는 정서적 불안감이 주는 병증이다. 요즘 심각하게 그 증상을 앓고 있다. 내 품을 떠난 아이들은 대견하게도 사회의 일원으로 자리를 잡았고 훤칠한 청년이 되었다. 아무 탈 없이 자라 준 고마움도 허전한 가슴을 메우기엔 역부족이다. 어쩌면 무엇보다도 불안감의 제일 큰 원인은 비어있는 주머니 때문이 아닐까.

어릴 때부터 바느질을 잘한다는 칭찬을 들었다. 틈날 때마다 바느질하던 엄마의 솜씨를 어깨너머로 배웠던가 보다. 하지만 내 주머니를 바느질하는 솜씨는 영 서툴렀다. 지금까지 형제에게 주머니를 송두리째 빼앗겨도 원망 한마디 못했다. 남편이 부부로서의 존중과 의무를 외면하면서 곳간을 열지 않을 때도 좋아질 것이라 기대하며 참기만 했다. 마음에 구멍이 생겨 바람이 숭숭 드나들어도, 내 주머니가 뚫려 빈 쌈지가 되어도 꿰맬 생각조차 못하고 살아왔다.

지나간 것은 나름의 의미를 가질 것이다. 비록 주머니가 새서 풍족하지 않았다 하더라도 작은 것에 감사하고 어려운 사람을 배려하는 마음을 배우는 계기가 되었다. 감사로 마음 부자가 될 수 있었다. 기댈 언덕 없이 삶을 살아왔기에 누구보다도 강건하게 자립적으로 살아올 수 있었다. 지금부터라도 세찬 바람이 들어오지 못하게 마음에 문풍지를 달고 속주머니는 새지 않게 바느질을 꼼꼼히 해보련다.

마음 마주보기

지나간 것은 나름의 의미를 가질 것이다. 비록 주머니가 새서 풍족하지 않았다 하더라도 작은 것에도 감사하고 어려운 사람을 배려하는 마음을 배우는 계기가 되었다. 감사로 마음 부자가 될 수 있었다.

당신은 사랑받기 위해 태어난 사람입니다.
가장 먼저 챙겨야 할 사람은 바로 그대의 자신입니다.
이제부터 '나'를 소중히 여기는 마음 가지기로 해요..

3부 :: 마음을 데우다

밥 정情

봄바람

선물

비 오는 날의 수채화

잠 밭

마당

천상의 포도밭

밥 정情

"밥 한번 먹어요."

일상에서 인사가 된 지 오래다. 함께 밥을 먹는 것은 정을 나누는 일이다.

방랑 식객으로 알려진 요리연구가의 삶을 다룬 영화 〈밥 정情〉을 보았다. "더 늦기 전에 당신과 나누고 싶습니다."라는 표제를 내며 낳아 준 어머니, 키워준 어머니,

길 위에서 만난 어머니. 세 어머니를 위해 밥으로 사랑을 전하는 사모곡이었다. 상처투성이의 나무토막 같은 손으로요리하는 그의 모습을 보면서 가족을 위해 젖은 앞치마 두르고 잠시도 쉴 틈 없이 종종거렸던 엄마의 모습이 오버랩되었다.

엄마의 손마디는 방랑 식객 요리연구가의 손과 닮았다. 엄마의 닳은 손은 사 남매에게 밥의 지문으로 색인되었다. 밭에서 갓 따온 가지며 호박, 무청시래기도 엄마의 손을 거치면 식구들의 한끼 찬으로 금방 만들어졌다. 도깨비방망이처럼 뚝딱 뚝딱 재빠르게 음식을 만들어 냈다. 엄마는 동네 사람들과 함께 음식 나눠 먹기를 즐겼다. 그때마다 나는 집집마다 전화를 돌리고 밥상 심부름을 해야 했지만 알 수 없는 기쁨으로 신이 났었다. 함께 먹는 밥 정情을 어렴풋이 알았던가 보다.

요즘 젊은 세대들은 흔히 혼밥의 시대라고 한다. 혼자서 밥 먹는 것의 줄임말이다. 혼자서 밥 먹는 것이 싫어서 밥을 먹는 영상을 보며 식사하는 것을 본 적이 있다. 근래에는 커피숍이나 식당에도 혼자 밥 먹는 사람을 어렵지 않게 본다. 이십 대 직장인 다섯 명 중 두 명은 혼자 점심을 먹는다고 한다. 각자의 생활과 라이프 스타일 때문에 가족과 함께 밥을 먹기도 힘들어졌다. 밥을 함께 먹으며 정이 든다는 말이 옛말이 되었다. 꼭 가족이 아니더라도 함께 밥을 먹고 정을 나눌 수 있는 날을 기대해 본다. 찬바람이 부는 이맘때 즈음, 투박한 손으로 묵은지 길게 찢어 흰 밥 위에 걸쳐주던 엄마의 정이 사무치게 그립다.

한겨울, 밥때를 놓치기라도 하면 구들 아랫목 이불 속에 밥공기 묻어 놓고 대문 앞을 서성이던 엄마. 은근한 온기로 허기진 배와 꽁꽁 언 몸을 데워주던 엄마의 마음과 밥 정情으로 인생의 참맛을 나누는 방랑 식객의 이야기는 밥 한끼로 정을 나누었던 때가 그리운 요즘, 깊이 와닿는다.

초등학교 시절, 부엌에서 들려오던 엄마의 난타 같은 도마 소리, 뽀글뽀글 소리 내 끓는 뚝배기 된장 냄새에 잠이 깼다. 굴뚝의 뿌연 연기는 하루를 시작하는 수탉의 울음소리보다 길게 피어올랐다. 엄마는 요술 할머니 같았다. 묵직한 가마솥 뚜껑을 열면 흰쌀밥 위로 알맞게 익은

가지와 호박잎, 노스름하게 익은 계란찜, 자박자박한 강된장까지 한상차림이 솥 안에 들어 있었다. 희뿌연 김이 밥 냄새와 함께 올라오면 벌써 시장기가 돌아 엄마의 치맛자락을 잡고 졸졸 따라다니며 입맛을 다셨다. 안방에 식구들이 둘러앉으면 숟가락 소리가 요란해지기 시작했다. 밥상에 둘레둘레 올려졌던 숟가락들은 밥으로 맺어진 끈끈한 가족의 정이었다.

오랜만에 지인과 같이 밥 먹자는 약속을 했다. 식당에서 음식이 나오기를 기다리며 이야기를 나누는 사이 바싹하게 구운 가자미와 두부가 숭숭 들어 있는 씁씁한 된장국이 나왔다. 엄마가 끓여 주던 된장 맛이었다. 맛있게 잘 먹는 반찬을 지인 앞으로 밀어주었다. 그도 가자미 한 마리를 쓰윽 건넸다. 누가 먼저랄 것도 없이 서로의 얼굴에 미소가 번졌다. 한끼의 밥은 따뜻한 정이다.

정을 나누는데 '함께 먹는 밥'보다 더 좋은 것이 있을까. 밥은 정情이다.

마음 마주보기

정을 나누는데 '함께 먹는 밥'보다 더 좋은 것이 있을까. 밥은 정情이다.

밥 정情 나누고 싶은 사람에게 지금 전화 걸어보세요.

봄바람

아지랑이가 아른거린다. 계곡마다 얼음이 녹아 재잘재잘 흐르고 버들강아지 참외 배꼽 같은 움을 틔웠다. 바야흐로 봄이다. 해마다 봄이 되면 쑥을 캐러 간다. 이맘때쯤 어린 쑥이 지천이었던 고향 들판이 떠오른다. 봄이면 도다리, 들깨쑥국도 맛있지만 노란 콩고물의 쑥 향기 진한 쑥떡은 맛뿐만 아니라 어린 날 향수의 그리움이아

련하다.

오래된 지인에게서 전화가 걸려 왔다. 쑥 캐러 가자는 말에 손길이 바빠졌다. 마음이 편안한 사람과 봄 마중 나가는 일은 설렘이다. 봄볕을 가려줄 모자, 작은 칼 한 자루, 면장갑, 캔 쑥을 담아올 자루. 얼핏 보면 밭일 나가는 농부가 따로 없다. 쑥을 캐는 일도 즐겁지만 봄이 오는 들판에서 새참 먹는 재미도 솔솔하다. 따뜻한 커피와 귤, 사과를 챙겨 봄의 전령사인 쑥을 만나러 갔다.

약속 장소에 도착했다. 해마다 쑥을 캐던 단골 장소다. 아직 바람은 제법 쌀쌀하게 불고 있었다. 얼음이 녹아 흐르는 계곡의 물처럼 수다를 떨며 봄볕 아래에서 쑥을 캘 수 있는 것은 여자로서 느끼는 특별한 재미가 아닐까. 쉼 없이 재잘거리는 중년 아줌마들의 수다를 엿듣고 있던 진달래꽃도 오므리고 있던 봉우리를 열어 꽃잎을 쫑긋 세운다. 따뜻한 햇살을 받으며 생명의 움트임이 꼬물대는 들판에서 즐기는 봄소풍은 여유롭다. 쑥 냄새는 봄볕에 묻어나는 풀향기와 함께 잠시 일상에서 벗어나 어릴 적 추억을 되돌아보게 한다.

언 땅을 뚫고 올라오는 쑥은 억척스럽게 살아온 엄마를 생각하게 한다.

"지푸라기 속에 덮여서 자란 쑥은 키는 크지만 영양가가 없고, 혹독한 겨울바람을 견디느라 땅에 바짝 붙어 있는 이 통통한 쑥이 좋은 것인 거라."

들판 저쪽에서 엄마의 목소리가 들리는 것 같다. 이른 봄 엄마와 쑥을 캐러 가면 자주 들려주던 말이다. 어쩌면 시련을 이겨낸 쑥처럼 당신의 딸도 억척스럽게 살아온 자신과는 다르게 꿋꿋이 살아가길 바라는 마음이었을 것이다. 소쿠리 한가득 쑥을 캐던 엄마의 봄은 어린 자식들의 양식이 아니었을까. 양지라고 해도 아직 설익은 봄볕이 차가운데 쑥은 고개를 쏙쏙 내밀고 있다.

봄이 되면 엄마는 갓 캐온 쑥으로 쑥떡을 했다. 찹쌀을 불려 놓고 소금물로 쑥을 파랗게 데쳤다. 불린 찹쌀과 쑥을 똬리 틀어서 머리에 이고 엄마는 방앗간으로 갔다. 한참 만에 반죽이 된 쑥을 이고 돌아오는 엄마의 키는 한 뼘이나 줄어들어 자라목처럼 보였다. 마루에 기름종이

를 깔고 그 위에 갈아 온 콩가루를 부었다. 엄마는 반죽이 손에 달라붙지 않게 물을 묻혀 가며 뜨거운 쑥 반죽을 얇게 펼쳤다. 고소한 콩고물 냄새에 벌써 입안 가득 침이 고였다. 기름종이가 잘리지 않게 칼 대신 접시를 굴리며 먹기 좋은 크기로 숭덩숭덩 잘랐다. 쑥떡의 모양을 내는 것은 나의 담당이었다. 손바닥에 콩고물을 묻히고 납작하게 눌러 줄을 맞추었다. 접시마다 담아 이웃집으로 날랐다. 해마다 엄마의 쑥떡은 식구들과 집성촌이던 동네에 새봄을 먼저 전했다.

요즘은 집에서 떡을 잘하지 않는다. 방앗간에서 하면 번거롭게 손이 많이 가지도 않고 시간도 단축된다. 하지만 어릴 적 그 맛과 추억을 맛볼 수 없다. 엄마가 하던 대로 흉내를 내 본다. 찹쌀을 불려 밥솥에 안쳐 놓고 쑥을 여러 번 씻어 물기를 뺀다. 끓는 물에 소금을 넣고 살짝 데쳐 숭덩숭덩 썰었다. 찰밥에 썰은 쑥을 넣어 함께 믹서기로 갈았다. 방앗간에서 사 온 콩고물을 접시에 펼치고 반죽을 펴 납작하게 쑥인절미를 만들었다. 엄마가 그랬던 것처럼 가까운 이웃에게 조금씩 나누어 주었다. 잠깐

만에 맛볼 수 있는 방앗간의 수월함이나 전문가들이 만든 것에 비할 순 없지만 그 정성과 손맛은 훗날 또 다른 기억의 편린으로 남을 것이다.

쑥은 엄마의 체취와 목소리를 떠올리게 한다.

"모진 겨울바람을 견딘 쑥이 좋은 것이여."

엄마의 목소리가 봄바람에 실려 온다.

마음 마주보기

"지푸라기 속에 덮여서 자란 쑥은 키는 크지만 영양가가 없고, 혹독한 겨울바람을 견디느라 땅에 바짝 붙어 있는 이 통통한 쑥이 좋은 것인 거라."

들판 저쪽에서 엄마의 목소리가 들리는 것 같다.

쑥차 드시면서 건강 챙기세요. 쑥향이 참 좋아요.

선물

저녁노을이 물들어가고 있는 바닷가. 하늘과 맞닿은 수평선은 살구색으로 물들었다. 초저녁 수평선에서 불어오는 바람은 바다가 주는 선물이다.

선물은 한 사람을 깊이 바라보는 시간이다. 어떤 색상이 어울릴지, 무엇을 좋아하고 취향은 어떨지 생각한다. 그 사람이 스치듯 했던 말 한마디도 기쁨을 주는데 도움이 되는지 고민한다. 마음과 정성이 담긴 선물과 함께 의미 있는 날을 축하해 주는 것은 정을 돈독하게 한다.

파스텔 톤의 하늘빛과 오렌지색 노을이 섞여 명화 속 장면을 연상케 한다. 파도가 쓸려 왔다 잔잔히 부서지는 바다는 초대 손님이었다. 한껏 부풀어 상기된 마음으로 그녀가 준비해 온 선물 보따리를 풀었다. 아직 김이 식지 않은 밥과 미역국, 양념된 불고기, 국물김치며 짭조름한 밑반찬이 맛깔스럽게 담겨있었다. 금계국이 장식된 쑥설기는 세상에 단 하나뿐인 케이크였다. 남천에 백일홍으로 만들어진 꽃다발은 쪽빛 바다 위에서 더 붉었다. 결혼 후 한 번도 생일상을 받아 본 적이 없었는데 바닷가에서 선물 받은 생일상은 두고두고 행복한 기억으로 남아 있다.

자식은 내게 가장 소중한 선물이다. 많은 인연 중에서 내게 와 준 아들들은 어떤 것과도 바꿀 수 없는 보물이다. 갓난아기 때 잦은 경기驚氣로 한밤중 응급실로 달려간 적도 여러 번이었으나 병치레 없이 잘 자라 주었다. 학교 다닐 때, '독도 알리기 UCC 영상 공모전'에서 큰 상을 받아와 깜짝 놀라게 했다. 어설프게만 보였지만 친구들과 팀을 이루어 새로운 도전에 성공한 모습은 상상보다 소중한 감동이었다. 첫째가 직장을 구하기 어려운 때에 졸업도 하기 전에 남들이 부러워하는 곳에 취직을 한 것은 이루 말할 수 없는 기쁨이었다. 큰 짐을 하나 던 것 같은 기분이었다. 존재 그 자체만으로도 기쁨이 되는 아이들이 있어 더이상 바랄 것이 없다.

선물 중 아끼는 물건이 있다. 갓 결혼하고 시댁 친척에게 인사를 하러 간 적이 있었다. 할머니는 내게 통 조롱박을 하나 주었다. "잘살라고 특별히 주는 거다."라며 주었는데 흔들면 안에서 소리가 났다. 박의 표면은 누런 기름종이를 발라 놓은 것같이 묵은 세월이 느껴져 예사롭지 않아 보였다. 내게로 온 지 삼십여 년이 되어가는 지금도 흠난 곳 없이 깨끗하다. 모양이 예쁘고 흔들 때 사그락거리는 소리에 기분이 좋아져 아낀다. 큰 걱정 없이 무탈하게 지내 온 것은 조롱박에 담긴 할머니의 축복 덕분일지도 모르겠다.

선물은 주는 사람에게도 기쁨이다. 마음이 가는 사람

에게 선물할 때 시집은 단골이다. 속지에 짧은 인사말을 적어 행운을 준다는 네 잎 클로버를 끼워 주면 특별한 행운을 받은 것처럼 좋아한다. 가을에는 곱게 물든 단풍잎에 시를 적어주기도 한다. 낙엽 구르는 소리를 들으며 시를 읊는 시간을 선사한다. 선물을 고르고 포장을 하면서 기뻐하는 모습을 상상하면 나의 마음까지도 덩달아 행복해진다.

선물은 값이나 크기를 떠나 주는 사람의 마음과 정성에 따라 소중함이 다르다. 물질의 잣대로 마음까지도 평가되고 있지만 선물은 마음의 깊이가 중요하다. 〈선물〉의 저자인 스펜서 존스는 "세상에서 가장 소중한 선물은 과거도 아니고 미래도 아니다. 함께 있는 '지금'이 최고의 선물이다."라고 했다. 지금 이 순간을 함께하는 것이 소중한 선물이다.

함께 있는 기쁨으로 나의 사람들에게 '지금'이고 싶다.

마음 마주보기

세상에서 가장 소중한 선물은 과거도 아니고 미래도 아니다. 함께 있는 '지금'이 최고의 선물이라고 했다. 지금 이 순간을 나와 함께하는 것이 소중한 선물이다.

그대에게 가장 소중한 선물을 떠올려 보세요.

비 오는 날의 수채화

봄비가 소리 없이 내렸다. 도로 건너편에 우산도 쓰지 않고 신호를 기다리는 반백의 할머니. 빨간불에서 초록불로 바뀌는 시간이 더딘 여삼추 같았다. 한참 만에 신호등이 바뀌고 횡단보도를 건너오는 그녀는 비 오는 날의 수채화 같은 모습으로 내게 걸어왔다.

북콘서트에서 그녀를 만났다. 살아 있는 동안 자서전

출간이 소원인 여사는 학창 시절에 꿈이었던 글쓰기에 집중하고 있다고 했다. 문학에 대한 열정과 꿈을 응원하던 그의 아들은 엄마의 꿈을 이루어주기 위해 북콘서트에 참여하게 되었다고 했다. 일흔이 넘은 나이에 문학에 대한 꿈을 가지고 젊은이들 못지않은 배움의 길을 찾는다는 것이 쉬운 일은 아닐 것이다. 그녀를 통해 평소 느긋하게 살아온 내 삶을 돌아보게 되었다.

다음날, 낯선 번호의 전화가 연달아 두 번이나 와 있었다. 급한 전화인 것 같아 걸려 온 번호로 전화를 걸었다. 어제 만났던 할머니였다. 친절하게 대해 준 것이 고마워 음식을 좀 전해 주고 싶다고 했다. 고맙다며 거절했지만 기어코 퇴근 시간에 맞추어 근무지로 찾아왔다. 여사는 횡단보도 건너편에 서 있었다. 안개비 속에 우산도 없이 한 손에 시장바구니를 들고 서 있었다. 주변에는 많은 사람이 있었다. 길을 가는 사람, 신호등이 바뀌기를 기다리는 사람. 오가는 사람들 중에 할머니의 모습은 한눈에 들어왔다. 순간 친청엄마의 모습이 설핏 보였다.

엄마는 자주 추어탕을 끓여 주었다. 배춧잎과 숙주나

물을 듬뿍 넣어 끓여 주던 그리운 손맛을 찾아다닌 적도 있었다. 해마다 무더위가 찾아올 즈음에는 새알미역국을 끓여 주었다. 참기름에 채썬 무를 달달 볶아 시원하면서도 진한 국물은 보약이 따로 없었다. 이별의 준비도 없이 갑자기 엄마가 떠나고 그 상실감으로 꽤 오랫동안 밥을 먹지 못해 고생했다. 엄마가 끓여주던 배추시래기에 산초 향 짙은 추어탕과 새알미역국이 생각날 때마다 빈자리는 크게 다가왔다. 겨우 마음을 다잡고 엄마의 손맛을 흉내내어 보았지만 그 맛이 나지 않았다. 세월이 갈수록 그 맛은 그리움으로 더 생생해져만 간다.

시장바구니를 여는 순간 눈이 휘둥그레졌다. 손수 캐서 데친 파릇한 쑥 덩이와 페트병에 한가득한 감주, 부드러운 엄나무 순으로 담근 장아찌. 가방이 넘치게 한가득이었다. 그냥 들기도 힘들었을 텐데 먼 거리를 걸어서 가져왔다는 게 여간 감사한 것이 아니었다. 참았던 눈물이 빗물을 핑계 삼아 핑 돌았다. 친정엄마도 이렇게 못 할 것 같다는 말이 나도 모르게 입술 사이로 새어 나왔다. “그러면 친정엄마 하자.”며 할머니는 호탕하게 웃었다.

비닐 속 장아찌 국물이 새어 나와 차 안은 짭짜름한 냄새가 진동했지만 빨리 집에 돌아가서 따뜻한 밥에 할머니의 장아찌를 얹어 먹을 생각에 군침이 돌았다. 그 이후로도 미역국은 물론이고 꽃잎으로 장식한 김밥, 부침개 등 갖가지 음식을 만들어 주곤 한다.

재료를 준비하고 다듬어 음식을 만드는 일이 얼마나 힘든지 주부라면 익히 안다. 가족이 아닌 사람을 위해 요리를 한다는 것은 그 사람을 생각하는 마음이 깊지 않고선 쉽지 않은 일이다. 눈 맛부터 사로잡는 음식과 먼 거리를 마다하지 않고 가져온 정성은 무엇을 주어도 아깝지 않고 하나라도 더 주고 싶은 친정엄마의 마음으로 다가왔다.

안개비가 눈처럼 내리는 날 친정엄마처럼 걸어오는 할머니의 모습은 '비 오는 날의 수채화'로 그려져 있다.

마음 마주보기

안개비가 눈처럼 내리는 날 친정엄마처럼 걸어오는 할머니의 모습은 '비 오는 날의 수채화'로 그려져 있다.

그대가 따뜻한 사람이기에 좋은 사람들이 많을 것 같아요.
어떤 고마운 사람이 있나요?

잠밭

며칠째 잠을 설쳤다. 몸을 눕히자마자 잠들기 일쑤였는데 당황스럽다. 잠 잘 자는 것을 부러워하던 사람들의 말이 이제야 새삼스레 이해가 된다. 잠을 자려고 하면 할수록 정신은 더 말똥하게 맑아진다.

불면증으로 힘들어하는 사람이 많다. 불면증은 잠들기 어려운 입면 장애와 잠은 들지만 자는 도중 자주 깨거나 너무 일찍 잠에서 깨어나는 수면 유지 장애가 있다고 한다. 직장인에게 불면증은 타격이 크다. 밤에 충분히 잠을 자지 못하면 수면 부족 상태가 되어 피로감과 의욕 상실 등으로 일의 능률이 떨어지고 일상생활에도 지장을 준다. 주변에도 불면증으로 힘들어하는 사람이 여럿 있다. 심지어 처방을 받아 수면제를 먹는 사람도 있다.

쾌적한 수면과 숙면을 위해서 여러 가지 치료 방법도 다양하다. 잠자기 전 우유를 마시면 도움이 된다는 말도 있고 명상과 규칙적인 운동을 권하기도 한다. '잠이 보약'이라는 말처럼 잠은 건강한 생활을 하는 데 중요하다. 잠을 제대로 자지 못하면 신체적인 건강에도 문제가 되지만 정신적 건강에도 장애가 된다. 잠을 자는 동안 숙면을 위하는 것은 지친 몸과 마음의 피로를 풀고 에너지를 충전하는 것이다.

초등학생일 때, 밀양에서 서울로 가는 길은 여간 힘든 일이 아니었다. 아파도 학교는 가야 한다는 엄마의 당부에도 아버지는 서울에 있는 작은아버지 댁에 갈 때 나를 동행시켰다. 종일 느리게 달려온 열차는 자로 잰 듯 깡총

한 단발머리 소녀를 늦은 밤이 되어서야 서울역에 내려 놓았다. 도시의 달은 네온사인과 섞여 낯설었다. 아버지는 긴장과 두려움으로 당신의 옷자락을 꼭 움켜쥐고 있는 딸을 번쩍 안아 업어 주었다. 쏟아지던 잠을 이기지 못하고 당신의 등을 보금자리 삼아 단잠에 빠져들었다. 요즘처럼 잠을 못 이루는 밤이면 아버지 등에서 아슴푸레하게 전해지던 따스함이 간절해진다. 어릴 적 아버지가 내어 주던 등은 꿈결 같은 잠 밭이었다.

일손이 여유로워진 겨울, 대청마루에 햇볕이 따스하게 올라앉으면 엄마는 틈을 내 귀지 청소를 해 주었다. 귀지가 많아 말을 안 듣는다며 타박을 하면서도 딸과 토닥거리는 시간이 내심 좋았던 것일까, 자주 무릎을 내어 주었다. 무릎을 베고 누우면 쨍하게 파란 하늘도 부러운지 빗살무늬 빛으로 내려왔다. 무릎이 움직일 때마다 들녘의 바람 소리와 강물이 거슬러 오르는 나룻배 소리가 났다. 아득해지는 무릎의 소리를 들으며 까무룩하게 잠들 때가 많았다. 엄마의 무릎은 푹신하진 않지만 깊은 잠을 부르는 잠 밭이었다.

아이들이 어렸을 때 목욕을 하고 나면 나의 무릎을 차지하기 위해 앞다투어 옷을 입고 무릎으로 달려들었다. 서로 차지하려고 아옹다옹하다가 결국 첫째가 동생에게 양보하고 반대쪽 무릎으로 달려왔다. 양 무릎을 펴면 물기 남은 짧은 머리카락이 무릎을 찔러 따끔거렸지만 나의 무릎에서 아이들이 토닥거리는 모습이 흐뭇했다. 머리카락을 차르르 쓰다듬으며 동화를 들려주면 첫째는 입을 벌리고 잠이 들었다. 개구진 둘째는 입을 벌리고 잠든 첫째의 입안으로 손가락을 집어넣어 장난을 치다가 어느새 잠이 들곤 했다. 엄마의 무릎이 나의 잠 밭이었던 것처럼 아이들에게도 나의 무릎이 꿀잠을 부르는 잠 밭이 되었을까.

몸을 뒤척이다가 다시 일어나 앉는다. 눈을 감은 채 잠시 멍하게 있다가 베개를 끌어안고 다시 누워본다. 이불을 끌어당겨 다리 사이에 끼우고 잠을 청한다. 어린 가슴에 손을 얹고 토닥거려 주던 엄마의 손 박자가 그리운 밤이다.

"자장자장 우리 아기 잘도 잔다 우리 아기 잘도 잔다"

혼자서 엄마처럼 주문을 걸어본다.

마음 마주보기

아버지는 긴장과 두려움으로 당신의 옷자락을 꼭 움켜쥐고 있는 딸을 번쩍 안아 업어 주었다. 쏟아지던 잠을 이기지 못하고 당신의 등을 보금자리 삼아 단잠에 빠져들었다.

아버지 등에서 아슴푸레하게 전해지던 따스함이 간절해진다. 어릴 적 아버지가 내어 주던 등은 꿈결 같은 잠 밭이었다.

그대에겐 어떤 잠 밭이 있나요?

마당

마당이 있는 집에 사는 게 소망이다. 손바닥만 한 텃밭을 만들어 상추와 배추를 심고 울타리 따라 채송화, 봉숭아도 매일 만날 수 있는 마당. 하늘, 바람, 꽃, 새소리와 함께 아침을 열고 햇살 받으며 차 한 잔을 마실 수 있는 마당이면 족하다.

고향집의 마당은 나에게 특별한 공간이었다. 한편에는

곡식을 보관하는 곳간이 자리 잡고, 곳간 맞은편에는 담장을 따라 길쭉한 화단이 있었다. 아버지는 화초 가꾸기를 유난히 좋아했다. 난초, 함박꽃, 수국, 국화 등 갖가지 화초들로 계절마다 마당에는 꽃이 만발했다. 아침이면 홰를 치는 수탉의 울음소리, 햇살과 입을 맞추던 나팔꽃, 구름이 들어와 놀던 우물. 마당은 가족의 따뜻한 사랑이 숨쉬는 곳이었으며 꿈이 살아있는 공간이었다.

마당은 혼자만의 놀이터였다. 농번기가 되면 친구들은 일손을 돕느라 바빴고 나는 혼자 마당과 친구가 되었다. 기둥에 고무줄을 매어놓고 '기찻길 옆 오막살이' 노래를 부르며 고무줄놀이를 했다. 공놀이도 혼자서 하고 병뚜껑으로 땅따먹기, 구슬치기, 돌차기를 하며 일인다역을 하며 놀았다. 땅따먹기는 자기 집에서부터 세 번 튕겨서 다시 돌아오면서 돌이 지나간 자리를 그어 자기 땅으로 정하는 놀이다. 돌차기는 시작점을 땅이라 했고 둥글게 그어진 곳은 하늘이라 했다. 혼자서도 몇 번이나 하늘까지 다녀올 수 있어서 특히 좋아했다.

여름의 고향 마당에는 언제나 사람들이 북적거렸다.

동네에서 유일하게 텔레비전이 있었다. 초저녁별이 뜨기 전에 사람들은 집으로 모여들었다. 평상에서는 〈전설의 고향〉을 보며 아주머니들의 수다가 별처럼 펼쳐지고 마당 한 귀퉁이에서는 모기를 쫓기 위해 쑥 냄새 가득 연기를 피워 올렸다. 엄마는 저녁 설거지를 끝내기 바쁘게 수박과 간식거리를 만들고 나는 평상으로 나르며 그림자놀이를 했다. 모기를 쫓기 위한 연기는 드라이아이스 역할을 했다. 플레어 치마에 살푼 살푼 움직이며 텔레비전에서 보았던 여배우를 흉내 내기도 했다. 길에서 어른을 만나면 부끄러워 숨던 시골 여자아이가 긴장되는 무대에서

시 낭송을 할 수 있게 된 것도 어릴 때 고향의 마당이 무대 역할을 톡톡히 해 준 덕분이다.

얼마 전 테라스가 있는 아파트로 이사를 했다. 어린 시절의 마당은 아니지만 테라스를 가진 것만으로 기뻤다. 11평 남짓한 테라스에서 포도, 상추, 깻잎, 고추, 가지 등 갖가지 식물들이 자라는 모습을 살펴보는 재미가 솔솔하다. 상추를 좋아하여 나무 그늘이나 빈 공간은 상추가 차지한다. 새잎은 아기가 양팔을 펼치고 있는 것처럼 앙증맞다. 물기 하나 없을 것 같은 가지에서 새싹을 밀어 올리는 나무를 보면 경이롭기까지 하다. 아직은 자리 잡기에 여념이 없는 철쭉은 내년이면 테라스에 붉은 꽃물을 들일 모습이 기대된다.

마당은 나에게 시 낭송가의 꿈을 꾸게 하였는지도 모른다. 연기가 피어나는 마당을 무대로 삼고 그림자놀이를 하며 끼를 발산했던 그 자신감이 무대 위에서 공연을 즐길 수 있도록 해 주는 것 같다. 열 평 남짓한 지금의 테라스를 마당으로 삼는다. 그곳에서 책을 읽고 시를 읊으며 화려하진 않지만 소소한 나의 꿈을 경작해 간다.

마음 마주보기

마당이 있는 집에 사는 게 소망이다. 손바닥만 한 텃밭을 만들어 상추와 배추를 심고 울타리 따라 채송화, 봉숭아도 매일 만날 수 있는 마당. 하늘, 바람, 꽃, 새소리와 함께 아침을 열고 햇살 받으며 차 한 잔을 마실 수 있는 마당이면 족하다.

그대는 어떤 마당을 갖고 싶은가요?

천상의 포도밭

구름 한 점 없는 하늘에 탐스러운 포도가 열렸다. 잎 사이로 알알이 앞다투어 익어가는 포도는 그 빛깔이 다채롭다. 청포도와 알이 굵은 거봉, 머루포도, 캠벨포도가 테라스 포도밭의 주인공들이다.

포도밭을 갖고 싶어 했던 남편은 이사를 오자마자 테라스에 화단을 만들어 포도나무를 심었다. 눈만 뜨면 포

도나무에 온갖 애정을 쏟아부은 정성 덕분에 몇 해 지나지 않아 제법 그럴싸한 포도밭이 만들어졌다. 나는 그곳을 '천상의 포도밭'이라 이름 지었다.

포도나무를 심은 지 십여 년이 되었다. 여리던 줄기는 넝쿨을 지탱할 만큼 단단해지고 제법 많은 포도를 달고도 끄떡없다. 잎도 무성해져 여름 햇살을 막아주는 그늘 역할을 톡톡히 한다. 가족이 함께 모이는 날은 포도나무 아래에서 레스토랑 분위기를 내며 식사를 하고 차 마시며 담소를 나누기도 한다. 가족의 생일날에는 와인으로 축배를 들며 케이크로 축하를 나눈다. 여름밤에는 지인들을 초대해 치킨과 맥주로 치맥파티를 하며 이웃 간의 정을 쌓는다. 혼자만의 시간이 필요할 때 테라스의 포도밭은 나만의 마음놀이터다. 음악을 들으며 명상을 하기도 하고 바람이 꽃잎을 떨구면 시를 지어 혼자 읊기도 한다.

깨알만 한 포도꽃은 눈에 잘 띄지 않지만 가장 중요하다. 아가의 솜털 같은 연노랑 꽃은 꽃망울과 잘 구분되지 않아 자세히 보아야 한다. 하루가 다르게 자라는 잎의 겨

드랑이에 꽃이 가득 피어있다. 포도나무는 자가수분自家受粉으로 열매를 맺는다. 수정 후 포도알에 떨어지는 꽃떨이 현상이 일어나지 않도록 신경을 써 주어야 한다. 알알이 튼실하게 자라 얼마나 커다란 포도송이가 될지 가늠해 보는 것도 꽃을 살피는 재미다.

포도밭을 가꾸는 남편의 손길은 늘 분주하다. 포도송이를 굵고 튼실하게 키우기 위해 꽃눈을 솎아낸다. 포도꽃을 잘 피우려면 넝쿨손을 떼어 내고 어깨 송이도 잘라준다. 꽃이 진 자리에 맺히는 포도 알맹이가 커가는 모습을 지켜보아야 한다. 한 가지에 너무 많이 열리면 알 솎기도 해 주어야 한다. 멀리 뻗어나간 넝쿨을 당겨 방향을 잡고 매일같이 물을 준다. 알맹이가 단맛을 채우기 시작하면 새들로부터 포도를 지키기 위해 테라스 전체에 촘촘한 그물을 친다. 날씨가 뜨겁거나 비바람이 세차게 불면 노심초사하여 포도밭에서 살다시피 한다. 포도 줄기처럼 아이들의 앞날이 쭉쭉 뻗어가고 포도 알맹이같이 가족의 사랑이 주렁주렁 열리기를 바라는 마음으로 지극정성을 쏟는다.

지난해부터 직접 재배한 포도를 맛볼 수 있었다. 청포도는 짙은 초록이다가 연두로 투명하게 익어 부드러운 과육과 달콤한 맛이 일품이다. 거봉은 알이 굵어 몇 알만 먹어도 배가 부르다. 캠벨포도와 머루포도는 거봉에 비해 알은 작지만 당도가 높다. 방금 따서 이것저것 골라 먹는 맛이 천상의 포도밭만의 자랑이다.

먹빛 포도에 빛 좋은 아침햇살로 윤기가 돌고 이마까지 내려온 달빛과 별의 속삭임 들으며 밤의 풍경을 노래하는 곳. 햇볕을 먹고 자란 청포도가 주저리주저리 익어가는 테라스는 천상의 포도밭이라 해도 좋으리.

마음 마주보기

포도송이를 굵고 튼실하게 키우기 위해 꽃눈을 솎아낸다. 포도꽃을 잘 피우려면 넝쿨손을 떼어 내고 어깨 송이도 잘라 준다. 꽃이 진 자리에 맺히는 포도 알맹이가 커가는 모습을 지켜보아야 한다. 한 가지에 너무 많이 열리면 알 솎기도 해 주어야 한다. 멀리 뻗어나간 넝쿨을 당겨 방향을 잡고 매일 같이 물을 준다.

그대의 삶도 굵고 탐스러운 포도송이 같기를 마음 모읍니다.

4부 : 다시 걷다

서랍을 열다

추억은 중독이다

마중

관계 다이어트

빛을 빚다

계단 오르기

회차로

서랍을 열다

서랍이 꽉 차 있다. 밀어 넣기만 했던 자질구레한 물건들이 부피를 이기지 못하고 급기야 물건을 내뱉기 시작했다. 아무렇게나 쑤셔 넣었던 물건의 시간이 구겨진 채 뒤엉켜 있다. 다 닳아버린 몽당연필, 물기 말라버린 볼펜, 포스트잇, 스티커, 전깃줄, 휴대폰 줄 등 잡동사니가 가득하다.

서랍은 시간을 담고 있는 공간이다. 억만 광년의 별들이 창문을 넘어오고 풀벌레가 울어대던 밤, 소설 속의 주인공이 되어 눈물을 찍었던 시간이 서랍 속에 잠들어 있다. 여고 시절, 잠시라도 헤어지면 못 살 것 같았던 친구의 쪽지 편지가 추억되어 가지런히 채워져 있다. 짝사랑했던 국어 선생님을 몰래 숨겼던 자물쇠 달린 일기장도 간직해 주고 있다.

초등학교 때부터 나만의 서랍을 갖고 싶었다. 부모님과 함께 공간을 사용했기 때문에 책상을 가지고 있는 언니가 부러웠다. 책상을 사달라고 아버지에게 졸랐지만 중학생이 되면 사 주겠다며 달랬다. 책을 읽었던 느낌이나 떠오르는 생각들을 공책에 적거나 일기를 써 두곤 했는데 누가 볼까 봐 몰래 보관하고 싶었다. 하는 수 없이 상자를 서랍 삼아 그곳에 나만의 공간을 저장했었다.

중학생이 되자 드디어 나의 서랍을 가지게 되었다. 객지에서 고등학교를 다니게 된 언니의 서랍을 물려받았다. 비밀 서랍을 가지게 된 것처럼 기뻤다. 펜팔이 한창 유행일 때 대학생이라던 오빠와 펜팔을 했었다. 뒹구는 낙엽만 봐도 눈물이 나던 때, 얼굴도 모르는 사람을 상상하며 편지로 사귀는 것은 가슴 콩닥거리던 설렘이었다. 집배원 아저씨가 갖다 줄 답장을 기다리던 행복도 방망이질하던 마음도 서랍은 비밀로 해 주었다. 풋풋했던 첫사랑의 기억과 이별 앞에서 애절했던 마음을 주고받으며 흘렸던 눈물 자국, 친구와 다툰 뒤 화해의 마음을 나누었던 편지도 서랍은 오롯이 품어 주었다.

고등학생 때 서랍은 문학 창고였다. 그 시절 서랍 속에 넣어 두고 읽고 또 읽었던 박인환의 시집 〈세월이 가면〉은 지금도 가장자리가 누렇게 변색된 채 책장에 꽂혀 있다. 중학교 때 쫓아다니던 남학생이 졸업 선물로 사 준 양장본 노트는 시집과 단짝이었다. 시어를 필사하며 시늪에 빠져 감성에 젖었던 노트는 손이 자주 간 만큼 해져 너덜하지만 무엇보다 소중하게 간직하고 있다. 전기세가 비쌌던 시절, 할머니의 잔소리에 못 이겨 이불 속에서 손전등을 켜고 읽었던 책이었다. 늦은 밤 라디오를 들으며 사연의 주인공이 되어 별만큼 많은 문장으로 빼곡하게 채웠던 일기장. 다시 읽어 보면 유치하기 그지없지만, 가끔 꺼내어 읽으면 순수했던 나의 모습이 되살아나 미소가 지어진다. 그때의 시간이 축적되어 문학도의 길이 되어 주고 있다.

나의 서랍을 장만했다. 결혼 후 나의 서랍은 없어졌고 가족들의 물건들이 정리되지 않은 채 잡동사니들로 가득 채워졌다. 아이들의 엄마, 아내, 며느리, 딸로 사는 동안 '나'는 서랍의 깊숙한 곳으로 밀려나 있었다. 가득 차 있는 물건들을 꺼낸다. 서랍의 안쪽 모서리에 끼어있던 '나'를 꺼내어 나의 서랍에 넣는다.

별빛이 가득한 밤 가슴에 와닿는 시를 읽으며 눈물지었던 그때의 순수를 떠올리며 서랍을 열어 시집을 펼친다.

마음 마주보기

서랍은 시간을 담고 있는 공간이다. 억만 광년의 별들이 창문을 넘어오고 풀벌레가 울어대던 밤, 소설 속의 주인공이 되어 눈물을 찍어냈던 시간이 서랍 속에 잠들어 있다. 여고 시절, 잠시라도 헤어지면 못 살 것 같았던 친구의 쪽지 편지가 추억되어 가지런히 채워져 있다. 짝사랑했던 국어 선생님을 몰래 숨겼던 자물쇠 달린 일기장도 간직해 주고 있다.

그대의 서랍 속에는 어떤 이야기가 담겨 있나요?

추억은 중독이다

복고풍이 유행이다. 7080 콘서트를 비롯해 그 시절의 분위기를 담은 노래, 옷의 디자인이나 머리 모양도 그렇다. 심지어 드라마까지 복고 바람이 불고 있다. DJ가 있는 음악다방이 다시 생겨나고 교복과 교련복을 입고 모자를 삐뚤게 쓰며 가방을 들고 다녔던 '추억의 학교'도 생겨난다. 복고풍은 추억을 들추어보게 한다.

중학교 가정 과목의 실습 시간에 감자크로켓을 만들었다. 처음 하는 조리실습에 설렘이 가득했다. 조별로 모여 선생님의 설명을 듣는 중에도 곳곳에서 조리기구 소리가 달그락거렸다. 두건과 앞치마를 두르고 감자를 손질했다. 소금물에 데친 후 으깨어 다져놓은 야채들과 버무렸다. 도마 소리가 들판을 달리는 말발굽 소리처럼 요란했다. 친구들은 자기 것이 더 예쁘다며 서로 자랑했다. 마지막 단계는 둥글게 빚은 감자 반죽에 빵가루를 묻혀 튀기는 과정이었고 한꺼번에 많은 양에 긴장되었다. 감자 반죽이 익으면서 떠오르는 것도 신기했다. 겉은 바삭하고 속은 촉촉한 크로켓 맛이 지금도 생각이 난다.

고등학교 때 읍내에서 자취를 했다. 단짝으로 지내던

친구가 있는 곳이었다. 학교를 마치면 자취방에 모여 라면을 끓여 먹고 시험공부도 같이 했다. 좋아하던 시를 읽고 짝사랑했던 선생님 이야기로 둘만의 비밀을 만들었다. 친구는 나와 친척인 오빠를 좋아했다. 오빠도 자취를 했다. 가끔씩 오빠의 자취방에 들러 방바닥에 팽개쳐진 옷과 펼쳐진 이불, 산더미 같은 설거지거리 등을 청소해 놓고 이유도 없이 마주 보고 히죽히죽 웃었다. 오빠는 고맙다며 라면을 끓여주었고 친구는 그 오빠의 언저리에 있는 것만으로도 행복해했다. 친구와 가끔 통화할 때면 지금도 오빠의 안부를 묻기도 하며 풋풋했던 추억을 더듬는다.

학창 시절이 그리워 앨범을 꺼내어 보았다. 앨범 속에는 꿈 많았던 학창 시절이 생생하게 담겨 있다. 스카프를 두르고 가을 은빛 억새밭에서 한껏 멋을 부린 사진은 지금 봐도 웃음이 절로 난다. 걸스카우트 단복을 입고 줄 맞춰 옆으로 빼딱하게 서있는 단발머리는 그 시절로 나를 데려간다. 곡옥 무늬의 교련복에 짝다리로 서 있는 거만한 모습은 내가 아니라고 부정해 본다. 손이 베일 듯한

주름치마 교복을 입고 코스모스 속에서 활짝 웃고 있는 모습은 볼수록 그 시절이 그리워진다.

빛바랜 앨범 속에는 가족들의 모습이 고스란히 박제되어 있다. 첫째 아들은 어렸을 때 손이 통통하여 두꺼비 손이라 불렀다. 입안에 사탕을 넣은 듯 포동포동한 볼과 두툼한 손은 지금 봐도 귀엽다. 둘째 아들은 몸이 약해서 늘 걱정이었는데 어느새 건강한 대학생이 되었으니 세월의 무상함을 새삼 깨닫는다. 남편은 몸이 약해 날카로워 보였으나 체구가 아담한 데다 동안이다. 나는 둘째를 출산하고 갑상샘을 앓았던 그때의 부기가 살이 되어 통통한 모습을 보니 새삼스럽다.

외롭거나 힘이 들 때 추억을 꺼내 곱씹으며 마음을 달랜다. 꽃을 보면 웃고 배고플 땐 먹고 잠이 오면 엄마를 찾았던 철부지 시절이 그리워진다. 결혼 후 아이를 키울 때는 하루하루를 보내기에 여념이 없었지만 지금 돌아보면 그때가 행복한 시간이었다. 두 아들은 어느새 청년이 되어 품을 떠났고 허전한 마음은 빈 둥지처럼 찬바람이 돈다. 세상에 변하지 않는 것은 없다. 세월을 따라 마음과 외모도 점점 변해 간다. 지나간 것은 그리움으로 남아 있다. 그래서일까 추억은 중독처럼 돌아보고 꺼내어 보게 된다.

오늘도 지나가면 내일의 추억이 된다. 삶의 뒤안길을 돌아보며 아름다운 추억으로 새겨질 수 있도록 오늘을 후회 없이 살아야겠다. 먼 훗날 추억을 열어 오늘 이 시간을 기억하게 되지 않을까. 그때 그 시절이 그리워지면 다시 생각나는 것이 추억이다.

마음 마주보기

오늘도 지나가면 내일의 추억이 된다. 삶의 뒤안길을 돌아보며 아름다운 추억으로 새겨질 수 있도록 오늘을 후회 없이 살아야겠다. 먼 훗날 추억을 열어 오늘 이 시간을 기억하게 되지 않을까. 그때 그 시절이 그리워지면 다시 생각나는 것이 추억이다.

지금 그대를 웃게 하는 추억 한 장 꺼내 보세요.

마중

아들을 맞으러 기차역으로 마중을 나왔다. 늦은 밤의 간이역은 인적이 끊어지고 가로등만 보초병처럼 서 있다. 아들을 기다리는 시간, 자궁 속 한몸이었던 그때처럼 뭉근한 행복감이 밀려온다.

마중은 오는 사람을 나가서 맞이하는 것이다. 청년이 된 아들을 역에까지 나가 기다린다고 하니 지인들은 이해할 수 없다는 표정이다. 하지만 타지의 학교 기숙사에서 생활하는 아들이 오랜만에 집에 온다고 생각하니 한시라도 빨리 보고 싶은 마음에 마중을 나가기로 한 것이다. 미리부터 반가워할 아들의 모습을 생각하면 추운 날씨에도 마음은 따뜻해진다.

둘째는 딸처럼 곰살맞다. 듬직하지만 무뚝뚝한 첫째와는 다르게 도란거리며 이야기도 나누고 영화를 보러 가기도 한다. 드라마를 보다가 다음에 나올 대사를 똑같은 말로 동시에 내뱉기도 한다. 외출할 때 자동차의 문을 열어 주며 여왕 대접을 하는 유머로 너스레를 떤다. 무엇을 해도 최고라며 추켜세워 주고 우울해할 때면 깜짝 이벤트로 기분을 좋게 해 준다. 남들에게 쉽게 꺼내지 못하는 말도 둘째 앞에서는 스스럼없이 털어놓게 된다. 편안하면서도 취향이 비슷하고 마음이 잘 맞는 친구 같은 아들이다.

요즘 말로 아버지는 딸 바보였다. 고등학생일 때 집에서 학교까지 족히 십릿길이 넘었다. 할 수 없이 학교 근처 읍내에서 자취를 해야 했다. 아버지는 처음 집을 떠나 혼자 있게 될 딸이 걱정되어 노심초사했다. 토요일에 빨래 보따리며 가방을 들고 버스에서 내릴 때면 어김없이 아버지가 마중을 나와 있었다. 어쩌다가 오일장이 겹치는 날이면 일찍부터 장에 나와 막걸리 한 사발에 국밥 한 그릇 앞에 놓고 종일 열고 닫히는 버스 문에 눈을 두고 있었다. 주말이면 정류장에 나와 기다리고 있을 아버지 생각에 수업 종소리와 함께 집으로 향했다. 마중나온 아버지와 함께 먹었던 자장면은 주말마다 먹어도 물리지 않던 별미였다.

해마다 봄꽃 마중을 간다. 변산바람꽃이 차갑게 얼었던 겨울을 버텨내고 노루귀, 복수초, 얼레지와 함께 올 때를 기다린다. 두껍게 쌓인 낙엽 사이로 고개를 내밀고 있는 꽃잎을 보면 생명의 경이로움마저 든다. '영원한 행복'이라는 꽃말의 노란 복수초는 강한 생명력으로 한 해를 걸어갈 희망과 용기를 준다. 봄꽃 마중은 얼음이 녹아 흐르는 계곡의 물소리처럼 힘찬 새봄을 열어준다.

오월이 되면 우가포 바닷가 자갈돌 사이로 찔레가 핀다. 분홍으로 해변을 물들일 때면 향기는 절정이다. 올해는 몇 날 며칠 애를 태웠다. 이제나저제나 하고 마중을 나갔지만 아쉬움만 남기고 돌아오길 여러 번이었다. 평년과 다르게 줄기며 가지가 신통치 않았고 잎마다 생기가 없어 찔레꽃을 볼 수 있을까 걱정이 되었다. 잦은 비와 깜짝 추위까지 이상 기후가 연일 보도되어 더 초조해졌다. 며칠 후 해변 돌길 가로 고대하던 꽃망울이 터지기 시작했다. 예년에 비해 꽃잎이 예쁘진 않았지만 힘겹게 꽃망울을 틔운 찔레를 보니 반갑고 소중하게 느껴졌다. 가슴 뛰는 풍경을 선사해 주는 분홍찔레 마중이 내년에도 이어지기를 고대한다.

밤바다에 붉은 양수가 비친다. 동짓달 차가운 바람이 귓불을 지나 목덜미에 파고드는 보름에 달마중을 나갔다. 월출 시간이 되었지만 달은 쉽게 모습을 드러내지 않았다. 달을 맞이하는 파도가 잔잔하게 밀려왔다 쓸려갔다. 해수면 주위가 붉어지더니 마침내 바다의 출산이 시작되었다. 잠시 만에 바다는 달덩이를 순산했다. 신비로움에 한동안 말을 잃었다. 자연의 위대함 앞에서 한없이 작아지는 인간 본연의 마음을 돌아보게 했다.

플랫폼으로 기차가 들어온다. 문이 열리고 사람들을 쏟아낸다. 그리고 무심하게 어둠 속으로 떠나간다. 가로등 아래 건널목을 건너는 아들의 모습이 한눈에 들어온다. 아들도 멀리서 나를 알아보고 손을 흔든다. 부모에게 자식의 웃는 얼굴만큼 따뜻한 게 있을까. 뛰어오는 아들 뒤로 손톱 같은 초승달이 함께 따라온다.

마음 마주보기

플랫폼으로 기차가 들어온다. 문이 열리고 사람들을 쏟아낸다. 그리고 무심하게 어둠 속으로 떠나간다. 가로등 아래 건널목을 건너는 아들의 모습이 한눈에 들어온다. 아들도 멀리서 알아보고 손을 흔든다. 부모에게 자식의 웃는 얼굴만큼 따뜻한 게 있을까. 뛰어오는 아들 뒤로 손톱 같은 초승달이 함께 따라온다.

그대에게 행복을 주는 마중은 어떤 마중인가요?

관계 다이어트

출판기념식, 자녀 결혼식, 시상식…….

다양한 행사 소식이 매일같이 도착하고 있다. 초대장을 받으면 일정이 겹치는 경우가 종종 있다. 어떤 행사를 우선으로 가야 할지 고민할 때가 많다.

SNS는 특정한 관심이나 활동을 공유하는 사람들 사이의 관계망을 구축해 준다. 사용자 간의 자유로운 의사

소통과 정보 공유, 그리고 인맥 확대 등을 통해 사회적 관계를 생성하고 돈독하게 해 주기도 한다. 인터넷을 통해 멀리 있는 사람과도 빠르게 소통할 수 있다. 카톡, 페이스북, 이메일 등 방법도 다양하다. 어느 곳에 있더라도 인사를 나누고 소식을 전할 수 있다.

페이스북을 시작했다. 인터넷망의 위력에 새삼 놀랐다. 짧은 시간 동안 많은 사람에게서 친구 신청이 오고, 오랜 세월 동안 소식이 없던 사람에게서도 연락이 왔다. 인터넷으로 지구촌의 모든 일상을 볼 수 있다는 말이 실감 났다.

외국인으로부터 페이스북 친구 신청이 왔다. 마침 인기를 끌던 영화 〈I Can Speak〉를 보고 영어를 배울 수 있겠다는 생각에 친구 신청을 수락했다. 영어로 인사를 주고받으며 공부 효과를 보는 듯했으나 생각지도 못한 문자가 왔다. 시리아에 폭탄이 터져 위급한 상황이며, 의술 도구를 택배로 보낼 테니 받아서 보관해 달라는 내용과 함께 사진을 보내왔다. 사진 속에는 건물이 무너지고 사람들이 쓰러져 아비규환인 급박한 상황이었다. 사진만

보면 도움을 주어야 할 것 같았지만 물품을 보관해 달라는 것이 수상하여 메신저를 차단했다. 나중에 알게 되었지만 메신저 피싱이었다. 소셜미디어 시대에 쉽게 친구가 될 수는 있지만 신중해야 한다는 것을 깨달았다.

개인의 활동이 활발해졌다. 개성과 재능으로 다양한 활동을 하고 있다. 활동 범위를 넓혀갈수록 다양한 방향으로 발전시켜 간다. 나는 문학과 시 낭송 분야에서만 활동하는 데도 행사 소식이 자주 들려온다. 참석하지 못하는 경우도 있지만 좋은 관계를 위해 무리하게 참석할 때도 있다. 거절을 잘하지 못하는 성격 탓에 거름 지고 장에 갈 때가 많았다.

문어발식 바쁜 일정으로 몸과 마음은 지쳐 가고 가족관계도 소원해졌다. 제때 세탁하지 못한 옷가지, 여기 저기 굴러다니는 먼지, 온기가 느껴지지 않는 반찬. 집에는 웃음도 없고 삭막한 분위기로 생기를 잃어갔다. 한바탕 부부 싸움을 치렀다. 남편 앞에서는 큰소리쳤지만 돌아서 생각하니 가족들의 불편함이 고스란히 와닿았다. '바쁘다'는 핑계를 가정에 소홀해도 된다는 방패막이로 삼았다. 자주 만난다고 해서 친분이 쌓이는 것도 아니었다.

'에센셜리즘'은 가장 중요한 일들을 선별적으로 하는 것을 말한다. 일에 우선 순위를 정하고 주도적인 삶을 살아가야 한다는 것이다. 모든 것을 다 하려는 생각과 사람들과의 관계에서도 거절하는 용기가 필요하다.

많은 사람이 다이어트를 한다. 체중을 줄이는 다이어트도 있지만 몸의 독소를 제거하고 근력을 채우는 다이어트도 있다. 건강한 삶을 위해서 불필요한 지방을 빼야 하듯이 사람의 관계에도 다이어트가 필요하다.

새로운 사람보다 소중한 사람들과의 관계를 유지하기 위해 관계 다이어트를 생각해 본다.

마음 마주보기

'에센셜리즘'은 가장 중요한 일들을 선별적으로 하는 것을 말한다. 일에 우선 순위를 정하고 주도적인 삶을 살아가야 한다는 것이다. 모든 것을 다 하려는 생각과 사람들과의 관계에서도 거절하는 용기가 필요하다.

새로운 사람보다 소중한 사람들과의 관계를 유지하기 위해 관계 다이어트를 생각해 본다.

그대는 어떤 사람들과 관계를 맺고 있나요?

빛을 빚다

별천지다. 곳곳에서 빛의 예술이 펼쳐지고 있다. 아파트의 입구에도 비스듬하게 하늘을 이고 있는 소나무의 몸에 수백 개의 꼬마전구로 빛의 옷을 입었다. 울타리도 노란빛으로 온몸을 치장했다.

성탄절과 연말이 되었지만 코로나 확산으로 어두운 분위기다. 울산에도 집단 확진자가 발생하여 몸도 마음도 꽁꽁 얼어붙었다. 답답하고 우울한 마음을 빛으로 위로하려는 듯이 어느 해보다 화려한 빛의 축제 소식이 이어지고 있다.

예술가들은 빛을 통해 자신의 세계와 개인적 존재를 투영해 보려 한다. 특히 중세의 종말과 함께 화가들은 빛 속에서 자신의 존재 의미를 찾으려 한다는 글이 생각난다. 빈센트 반 고흐는 해바라기를 통해 노란빛이 가지는 희망적 의미를 불어넣었다. 생샤펠 성당은 세계에서 빛의

마법이 가장 뛰어난 건물이다. 천여 개의 스테인드글라스에 뛰어난 예술작품이 새겨져 있다. 빛이 더해져 성스러운 예술이 된다.

로라, 앤 설리번 그리고 헬렌 켈러. 빛으로 이어지는 세 사람의 이야기는 희망을 잃은 사람들에게 빛이 되고 있다. 훌륭한 사람이 한 영혼에게 미치는 영향은 크다. 헬렌 켈러를 가르친 앤 설리번 선생도 한 사람의 희생으로 빛을 얻었다. 앤은 정신적 충격으로 회복 불능 판정을 받고 정신병동 지하 독방에 수용되었다. 모두 치료를 포기했을 때 간호사인 로라가 앤을 돌보겠다고 자청했다. 정신과 치료보다는 그냥 친구가 되어 주었다. 날마다 과자를 들고 가서 책을 읽어 주고 기도해 주었다. 그렇게 한결같이 사랑을 쏟았다. 마침내 2년 만에 앤은 정상인 판정을 받아 살아나게 되었다. 그 후, 로라가 죽는 시련도 겪었지만 그녀가 남겨준 희망을 볼 수 있는 마음의 눈으로 시련을 이겨냈다. 앤은 신문기사를 통해 헬렌 켈러의 사정을 알게 되었고 자신이 받은 사랑을 돌려주기로 결심하고 헬렌 켈러를 돌봐주었다. 한 사람의 헌신과 사랑이 죽어가는 생명을 살렸고 그 생명이 또 다른 생명의 빛이 되었다.

결혼하기 전, 칠 년여 동안 보육원에 봉사활동을 했다. 회원은 몇 안 되었지만 열정적으로 활동했다. 원생들은 처음에는 낯을 가리고 마음을 열지 않았다. 매월 둘째 주 일요일에 방문하여 맛있는 간식을 나눠 주고 한끼 점심을 차려 주었다. 당시 오십여 명이었던 원생들과 친해지기 위해 담당을 정해 지속적으로 편지를 주고받았다. 운동과 레크리에이션도 하였다. 방 청소를 하고 목욕도 시켜 주며 가까워졌다. 얼굴은 한 달에 한 번 보았지만 떨어져 있어도 교감을 했다. 헤어질 때가 되면 가지 말라고 옷자락을 잡는 아이도 있었고 눈물을 흘리는 아이들도 있었다. 나도 헤어짐이 아쉬워 함께 울기도 했다. 원생들에게 작은 빛을 주기 위해 방문을 했지만 돌아올 때는 오히려 나의 마음이 빛으로 환해져 있었다.

얼굴에서 빛이 나는 사람을 만나면 내 마음도 환해진다. 매사에 긍정적이고 감사할 줄 아는 사람은 웃음이 떠나지 않는다. 무엇을 하든 즐거움을 아는 사람은 천국을 품고 있을 것이다. 너그러움과 기쁨을 아는 사람은 값진 양약보다 좋은 마음의 보약을 먹는다. 얼굴에 화색이 돌고 빛이 난다. 사심을 버리고 정도를 걸으며 유유자적하게 지내는 사람은 마음이 평화롭다. 모난 마음을 둥글게 가꾸는 순간순간들이 모여 빛이 나는 이미지가 된다.

내 마음에도 빛 하나 가지고 싶다. 어둠 속을 걷고 있는 사람에게 길을 밝혀 주는 빛이 되고 싶다. 진실된 마음과 사랑으로 어둠을 밝힌다. 하늘에는 별이 반짝이고 지상에는 불빛이 유난히 빛난다. 담장에도 별이 한가득 내려와 있다.

올겨울도 빛을 보며 따뜻하다.

마음 마주보기

내 마음에도 빛 하나 가지고 싶다. 어둠 속을 걷고 있는 사람에게 길을 밝혀 주는 빛이 되고 싶다. 진실된 마음과 사랑으로 어둠을 밝힌다. 하늘에는 별이 반짝이고 지상에는 불빛이 유난히 빛난다. 담장에도 별이 한가득 내려와 있다.

올겨울도 빛을 보며 따뜻하다.

그대의 빛은 참 따뜻할 것 같아요. 어떤 곳에 그 빛을 비추어 주고 싶은가요?

계단 오르기

외출에서 돌아오는 길이었다.

"점검 중." 아뿔싸! 엘리베이터 정기점검하는 날인 것을 깜빡했다. 20층까지 무거운 짐을 들고 계단으로 올라갈 일을 생각하니 엄두가 나지 않았다. 아파트 입주를 하고 얼마 지나지 않아서 엘리베이터 점검 횟수가 잦아 20층까지 여러 번 오르락내리락했지만, 그 후로 계단을 이

용하는 일은 거의 없었다.

심호흡을 하고 지하에서부터 계단을 오르기 시작했다. 2층에 올랐을 때 벌써부터 숨이 가빠지기 시작했다. 밖에는 찬바람이 불고 있었지만 몸에선 열이 났다. 5층까지 오르자 숨이 턱까지 차올랐다. 숨 고르기를 하고 다시 올라갔다. 비상구와 위치를 알리는 안내판이 눈에 들어왔다. 한참 올랐다고 생각했는데 겨우 7층이었다. 기다렸다가 엘리베이터를 탈까 갈등했지만 계단을 오르기로 했다.

밥 윌랜드의 장애를 극복한 인간승리는 많은 사람에게 감동과 용기를 준다. 그는 베트남전에서 동료를 구하려다 두 다리를 잃게 되었다. 큰 시련을 겪었지만 자신의 모습을 원망하고 탓하기보다 현실을 받아들이고 새로운 꿈을 꾸었다. 2003년 3월 1일, 마라톤에 참가하기 위해 일반인들과 함께 출발선 위에 섰다. 당시 그의 나이는 57세였다. 단 1m도 내딛기 어려운 몸을 가졌음에도 휠체어에 의지하지 않고 비장애인 선수들과 나란히 섰다. 동행한 버스 안에서 하루 2시간 정도를 자고 두 팔로 달리고 달렸다. 무려 173시간 45분 만에 마라톤 풀코스의 대장정을 마쳤다.

"성공은 출발에 있지 않고 끝나는 곳에 있다. 나는 그것을 해냈다."

뉴욕 마라톤에서 완주하고 남긴 말이다. 밥 월랜드는 희망을 품고 용기 있게 도전하는 사람은 어떤 시련도 극복할 수 있다는 것을 보여 주었다.

재능시 낭송협회 울산지회의 정기 공연을 준비할 때였다. 공연일까지는 두 달 정도 남아 있었다. 협회에선 가장 큰 행사였다. 아무것도 준비되지 않은 상태에서 공연을 맡겠다고 나서는 임원이 없었다. 게다가 명절까지 겹쳐 연습 시간은 한 달 정도밖에 남지 않았다. 나도 직장을 다니면서 그 일까지 해낼 자신이 없었다. 회의 시간은 길어지고 모두의 시선이 나에게로 꽂혔다. 무거운 분위기를 견디지 못하고 덜컥 수락하고 말았다.

짧은 기간 동안 회원들이 해낼 수 있도록 연출을 고민해야 했다. 시극을 공연하기로 하고 대본을 쓰기 시작했다. 태화강이 우리나라에서 두 번째 국가정원으로 선정

된 것을 기념하는 공연이었다. 태화강을 중심으로 울산의 발전 과정을 이야기와 시詩로 엮었다. 보름 만에 대본을 완성했다. 출연진을 결정하고 연습을 시작했다. 대본을 수정하고 팸플릿, 의상, 배경음악, 영상 준비 등 모든 것을 해결해야 했다. 직장 생활을 겸하면서 공연을 준비하는 일에 만신창이가 되어갔다.

그런 중에 반려묘가 생사를 헤매게 되었다. 수술 후 쇠약해진 건강을 챙겨야 했지만 퇴근 후에는 연습장으로 달려가야만 했다. 비가 쏟아지는 날은 출연자의 반 이상이 불참했다. 그런 날은 '누구를 위하여 힘들게 희생과 봉사를 하고 있는가.' 하는 생각에 모든 것을 내려놓고 싶었다, 하지만 포기할 수는 없었다. 다시 힘을 내어 화합과 공연의 중요성을 강조하며 연습의 강도를 높여 갔다. 우여곡절 끝에 공연의 막이 올랐다. 다행히 공연은 성공적이었다. 관객들의 극찬이 쏟아졌다. 바위산을 오르는 것처럼 험난한 과정이었지만 해냈다는 성취감이 차올랐다. 어떤 일이 닥쳐와도 미리 포기하지 않고 나아가면 종래에는 목표에 도달할 수 있다.

정상에 올라가 보지 않은 사람은 산 아래를 내려다보는 감동을 알지 못한다. 목표를 세워 도전하고 극복해 보지 않은 사람은 왜 그렇게 힘든 길을 굳이 가려고 하는지 이해하지 못한다. 고생을 사서 하느냐고 나무랄 것이다. 포기하고 싶은 마음을 극복하고 목표를 이루었을 때 어떤 어려움이 닥쳐도 이겨낼 수 있는 힘이 생긴다. 우리 삶에 고난 없이 평탄한 길만 있다면 그것에 대해 성취감을 알 수 없다. 목표를 달성한 성취감을 느낄 수 있는 것도 그전에 힘든 과정을 견뎌 냈기 때문에 알 수 있는 것이다.

다시 계단을 오른다. 한 계단씩 오르다 보니 어느새 20층이다. 온몸은 땀범벅이지만 성취감에 개운함마저 든다. 오늘도 나의 이상을 위하여 한 발 한 발 계단을 오른다.

마음 마주보기

정상에 올라가 보지 않은 사람은 산 아래를 내려다보는 감동을 알지 못한다. 목표를 세워 도전하고 극복해 보지 않은 사람은 왜 그렇게 힘든 길을 굳이 가려고 하는지 알지 못한다. 고생을 사서 하느냐고 나무랄 것이다. 포기하고 싶은 마음을 극복하고 목표를 이루었을 때 어떤 어려움이 닥쳐도 이겨낼 수 있는 힘이 생긴다.

그대의 한 해는 건강하고 좋은 일이 가득한 한 해가 될 거예요. 파이팅^^

회차로

고속도로를 달리다 출구를 놓치고 말았다. 양산 통도사 서운암으로 가는 길이었다. 시 낭송 행사가 있어 아침 일찍부터 서둘렀다. 자주 다니던 도로였지만 잠깐의 실수로 지나쳐버렸다. 찰나에 일어난 일이라 당황해하고 있을 때 회차로가 생각났다.

회차로는 오던 길로 되돌아가는 찻길을 말한다. 고속

도로 톨게이트에서 내려야 할 곳을 지나쳤거나 길을 잘못 들었을 때 차를 돌릴 수 있도록 배려해 놓은 길이다. 인생길에서도 삶의 중간마다 회차로가 있다면 나는 어디쯤에서 되돌려 가야 할까.

시간을 되돌릴 수 있다면 지금과는 다른 모습이고 싶다. 감정을 표현하지 못하고 속으로 삭히며 살았다. 나보다 타인을 먼저 배려하고 이해하려고 했다. 시댁 식구와 남편과의 사이에서도 표현하지 못하고 갈등은 쌓여만 갔다. 다른 환경에서 살아온 사람들이 한가족이 되어 가는 과정에서 일방적인 희생이나 강요는 갈등의 골만 깊어졌다. 언젠가는 내 마음을 알아줄 것이라 생각하며 마음을 억눌렀다. 서로 부딪히더라도 표현을 했어야 했다. 무슨 생각을 하는지 말하지 않으면서 마음을 알아주고 이해해주기를 바랐다.

사람들과의 관계에서도 마찬가지였다. 곪아 터진 상처가 덧나고 아물어 새살이 돋는 과정을 여러 번 견디고서야 조금씩 깨달았다. 참고 배려하는 것으로 사람들의 마음을 만족시켜 줄 수 없다는 것을. 타인들로부터 자신을 보호하기 위해선 미움받고 거절할 수 있는 용기도 필요하다. 마음을 표현할 줄 알아야 마음에 상처가 남지 않는다는 것을 지천명의 나이를 넘기고서야 알게 되었다.

손가락 하나 움직일 수 없을 만큼 삶이 무기력해져 있을 때 열정적으로 노년을 보내는 사람을 만났다. 퇴직 후 몇 년 동안은 방황하며 좌절 속에서 지냈다고 한다. 사회에서도 쓸모없는 사람이 된 것 같아 무엇을 어떻게 해야 할지 몰라 더 힘이 들었단다. 더이상 시간을 허비할 수 없다는 결심을 하고 자신이 가장 잘할 수 있는 분야를 공부하기 시작했단다. 그렇게 성취감과 자신감을 느낀 후 자그마치 19개의 자격증을 땄다고 했다. 자격증 따는 것에 머물지 않고 실전의 경험을 쌓아 관련 분야에서 실력을 인정받는 강사가 되었다. 틈날 때마다 자신의 경험담을 들려주며 인생을 허비하지 말고 뜨겁게 불태우라는 조언을 아끼지 않았다. 다시 시작할 수 있으며 포기하지 말라고 강조했다.

인생길에도 회차로가 필요하다. 참기만 했던 내 인생에 사과하고 회차로에서 다시 시작해 보리라 마음을 다진다. 길을 잘못 들어섰다고 후회하고 한탄하지 않아도 된다. 가고자 하는 길이 아니면 다시 되돌아오면 된다. 누구나 처음 사는 인생이기에 실패할 때도 있다. 중요한 것은 포기하지 않고 목표를 향해 새롭게 출발하는 것이다. 더 늦기 전에 나만의 새로운 길로 돌아가야겠다. 지금부터는 더듬이를 오롯이 나에게 맞추고 인생 2막의 시작점에서 다시 앞으로 달려가야겠다.

'회차로' 안내판이 보인다. 지금부터 다시 출발이다!

마음 마주보기

회차로는 오던 길로 되돌아가는 찻길을 말한다. 고속도로 톨게이트에서 내려야 할 곳을 지나쳤거나 길을 잘못 들었을 때 차를 돌릴 수 있도록 배려해 놓은 길이다. 인생길에서도 삶의 중간마다 회차로가 있다면 나는 어디쯤에서 되돌려 가야 할까.

걸어온 길 후회하나요? 괜찮아요. 나를 위한 길, 다시 걸으면 돼요.

감사

글그림 거람 김반석

유서희 감성 수필집

내 인생에 사과한다

인쇄 2021년 12월 15일
발행 2021년 12월 25일

지은이 유서희
발행인 서정환
펴낸곳 수필과비평사
주소 서울시 종로구 삼일대로 32길 36(익선동 30-6 운현신화타워 빌딩) 305호
전화 (02) 3675-3885 (063) 275-4000
팩스 (063) 274-3131
이메일 essay321@hanmail.net
출판등록 제300-2013-133호
인쇄·제본 신아출판사

ISBN 979-11-5933-384-2 (03810)
값 15,000원

Printed in KOREA

울산광역시 ULSAN METROPOLITAN CITY 울산문화재단

*(재)울산문화재단 2021 울산예술지원 선정사업